CHEGARÁ O DIA EM QUE SERÁS LIVRE

Cartas, textos e discursos inéditos

VIKTOR FRANKL

CHEGARÁ O DIA EM QUE SERÁS LIVRE

Cartas, textos e discursos inéditos

Tradução
Karleno Bocarro

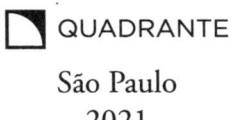

São Paulo
2021

Título original
Es kommt der Tag, da bist du frei.
Unveröffentlichte Briefe, Texte und Reden

Copyright © 2020 Viktor E. Frankl, publicado em acordo
com os herdeiros de Viktor E. Frankl

Capa
Gabriela Haeitmann

Dados Internacionais de Catalogação na Publicação (CIP)
(Câmara Brasileira do Livro, SP, Brasil)

Frankl, Viktor E. (Viktor Emil), 1905-1997
 Chegará o dia em que serás livre / Viktor Frankl. – São Paulo : Quadrante Editora, 2021.
 ISBN: 978-65-89820-31-4
 1. Consciência 2. Frankl, Viktor E., 1905-1997 3. Logoterapia 4. Psicologia 5. Psicoterapia I. Título.

21-86670
CDD-616.8916
NLM-WM 420

Índice para catálogo sistemático:

1. Logoterapia 616.8916

Eliete Marques da Silva - Bibliotecária - CRB-8/9380

Todos os direitos reservados a
QUADRANTE EDITORA
Rua Bernardo da Veiga, 47 - Tel.: 3873-2270
CEP 01252-020 - São Paulo - SP
www.quadrante.com.br / atendimento@quadrante.com.br

Sumário

Introdução 7
Testemunhas de seu tempo 19

CARTAS

Libertado do campo de concentração 27
   Em busca de sentido.. 27
   A Wilhelm e Stepha Börner 30
   A Wilhelm e Stepha Börner 30
   A Wilhelm e Stepha Börner 31
   Ao capitão Schepeler, diretor do hospital para pessoas deslocadas
      de Bad Wörishofen 34
   Em busca de sentido.. 35
O que mais haveríeis de sofrer, devo sofrer agora 39
   A Wilhelm e Stepha Börner 39
   A Rudolf Stenger, Bad Wörishofen 41
   A Gustav e Ferdinand Grosser 43
   Poemas 46
   A Stella Bondy... 48
   A Stepha e Wilhelm Börner 50
   A Stella Bondy... 51
   A Stella Bondy... 53
   A Rudolf Stenger 57

A Stella Bondy..	61
A Wilhelm e Stepha Börner..	64
Ao pároco da Igreja Católica Romana de Kahlenbergerdorf...........	67
A Stella Bondy..	68
A Stella Bondy..	71
A Stella Bondy..	73
Com Eleonore Frankl a Stella Bondy.................................	74
A Stella Bondy..	78

TEXTOS E ARTIGOS

O que o diz psicoterapeuta sobre o nosso tempo?	85
Vivemos provisoriamente? Não: todos são chamados a isso!........	91
O valor da vida e a dignidade humana...............................	95
A análise existencial e os problemas da época..................	101
Sobre a questão dos prisioneiros de campos de concentração	121
Pela última vez: a janela encoberta.....................................	125
Entrevista: um psicoterapeuta responde às questões atuais	131
Die Furche e Spinoza	137
Não o ladrão, mas o assaltado é o culpado........................	139
Os assassinos estão entre nós..	141

DISCURSOS COMEMORATIVOS

In memoriam	145
Reconciliação também em nome dos mortos.....................	151
Todas as pessoas de boa vontade	155

Introdução

por Alexander Batthyány

No campo de concentração, sabíamos e confessávamos uns aos outros: não há nenhuma felicidade na Terra que poderia compensar tudo o que sofremos. Não esperávamos encontrar a felicidade – o que infundia valor e sentido ao nosso sofrimento, ao nosso sacrifício e morte, não era a felicidade. No entanto: tampouco estávamos preparados para o infortúnio. Esta desilusão, com a qual se defrontou um número não pouco expressivo dos que foram libertados, acabou por ser uma experiência muito dolorosa e difícil de superar e, do ponto de vista psiquiátrico, certamente algo de muito difícil tratamento. Mas esta constatação não deve desanimar o psiquiatra – ao contrário: constitui para ele um incentivo, pois tem o caráter de uma missão.

De uma maneira ou de outra, para cada um dos libertos chegará o dia em que, olhando para trás, para a experiência do campo de concentração, ele terá a estranha sensação: não consegue mais compreender como foi capaz de suportar tudo o que a vida no campo lhe exigia. E se houve um dia em sua vida – o dia de liberdade –, em que tudo lhe parecia um belo sonho, virá também o dia em que tudo o que ele experimentou no campo de concentração lhe parecerá um mero pesadelo. Mas toda essa experiência do homem que encontra o seu caminho para casa é coroada pela deliciosa sensação de que, depois de tudo o que sofreu, já não tem nada a temer no mundo – a não ser seu Deus.

Com estas linhas Viktor Frankl termina *Em busca de sentido*, o relato sobre o Holocausto que escreveu em 1945. Mas o que aconteceu imediatamente a seguir? Por que Frankl regressou à sua terra natal, Viena, e como o antigo prisioneiro de campos de concentração viveu os primeiros dias, semanas e meses após a libertação? Em que circunstâncias escreveu seu famoso relato sobre o Holocausto? O livro não o menciona, ou apenas insinua por meio de algumas palavras. Com efeito, tudo isso até agora permaneceu oculto ou completamente desconhecido para a maioria dos leitores.

Ao fim de suas palestras, Viktor Frankl, portanto, era repetidas vezes indagado sobre o período imediatamente posterior à sua libertação do campo de concentração. Ao longo dos anos e, ao que parece, com o aumento da distância em relação aos eventos, ele falava cada vez mais abertamente sobre as primeiras semanas e meses em liberdade. A partir mais ou menos do início dos anos 1990, permitiu pela primeira vez o exame e a publicação de notas pessoais e cartas de seu arquivo privado em Viena – claramente convencido de que também a fase de regresso a casa, que até então tinha recebido pouca atenção, merecia ser preservada do esquecimento, e talvez também na esperança de que conhecê-la pudesse aportar coragem e confiança àqueles a quem a leitura de *Em busca de sentido* já havia trazido força e consolo.

Neste contexto, o presente livro reconstrói, com a ajuda de cartas e documentos – em partes inéditos – do arquivo privado de Viktor Frankl, algumas das estações mais importantes e dos *leitmotifs* de sua libertação e regresso a casa. Outra intenção desta obra é corrigir certa narrativa frequentemente difundida, mas por vezes demasiado simplista, sobre a vida de Frankl nos primeiros anos do pós-guerra. De fato, alguns dos textos e cartas aqui publicados contêm informações que surpreendem até mesmo quem conhece sua biografia, na medida em que, por exemplo, apelam a uma leitura mais cautelosa sobre o quão «fácil» foi para ele o reencontro com a vida em liberdade após o fim de sua prisão em quatro campos de concentração (Theresienstadt, Auschwitz, Kaufering e Türkheim). Acima de tudo, seus primeiros posicionamentos políticos e palestras mostram que o ponto de vista de Frankl sobre a questão da culpa,

INTRODUÇÃO

da responsabilidade e da reparação coletivas é muito mais complexo do que se expôs em muitas ocasiões até agora. Como consequência, este livro, enquanto complemento e continuação de *Em busca de sentido*, lança luz sobre uma fase da vida e da obra de Viktor Frankl que é em geral menos conhecida.

Os textos neste livro estão divididos em três partes principais – a primeira, biográfica, contém cartas e poemas dos anos de 1945 a 1947; a segunda, palestras, conferências radiofônicas, entrevistas e declarações do período de 1946 a 1947 a respeito do tema do Holocausto, do nacional-socialismo e da Segunda Guerra Mundial; e a terceira, discursos comemorativos dos anos de 1949 a 1988.

A primeira parte começa com um relato ocular de Frankl, datado de 1985. Esta palestra apresenta o contexto histórico e biográfico dos textos apresentados neste volume, bem como um breve esboço da biografia do autor nos anos de 1938 a 1945.

1. Cartas: 1945-1947

O segmento inicial expõe, a partir de cartas escritas entre 1945 e 1947, o caminho de regresso que foi apenas delineado nos últimos parágrafos de *Em busca de sentido*. Perto do final desta obra, Frankl sugere a arduosidade que se arraiga nesse caminho:

Ai daquele para quem a única coisa que lhe infundia coragem no campo – o ente querido – já não existe. Ai daquele que experimenta o momento com que sonhou em mil sonhos de saudade, agora realmente vividos, mas de forma diferente, bem diferente, do que ele havia imaginado. Entra no bonde, vai até a casa que por anos tinha visto na sua mente, e apenas na sua mente, e aperta a campainha – tal como fez em mil sonhos... Mas ele não encontrou a pessoa que deveria abrir a porta – ela nunca mais lhe abrirá a porta...

Estas linhas ganham um significado adicional quando lidas no contexto da biografia de Frankl. Em Theresienstadt, ele testemunhou a morte de seu pai, mas até o último momento acarinhou a esperança de que sua mãe e sua primeira esposa, Tilly Frankl, nome de solteira Grosser, tivessem sobrevivido ao campo. Em uma das primeiras cartas que se preservaram, escrita após sua libertação, Frankl menciona esta esperança (e o «peso de consciência» daí resultante) como justificativa para sua demissão antecipada – com o objetivo de retornar a Viena – do hospital militar das tropas aliadas em Bad Wörishofen, na Bavária, onde trabalhou como médico nas primeiras semanas após ver-se livre (cf. Carta ao Capitão Schepeler, sem data, 1945).

Foi só depois de ter de abandonar toda esperança de ver a mãe e a esposa novamente – Frankl soube, ainda em Munique, que sua mãe havia sido assassinada em Auschwitz e, imediatamente após retornar a Viena, que sua primeira esposa, Tilly, morrera em Bergen-Belsen semanas após a libertação, como consequência de sua permanência no campo – que deixa de falar de sua sobrevivência como uma graça, mas como um fardo. Tudo o que lhe restava agora era a consciência da tarefa de seu trabalho intelectual: a logoterapia e a análise existencial, bem como a redação de seu livro *Ärztliche Seelsorge*, que já havia iniciado antes da deportação: *É compreensível que, de um modo geral, eu me sinta como um garoto que tem de ficar detido na escola: os outros já partiram, e eu ainda estou lá, tenho de terminar meu dever, e então posso ir para casa* (23 de junho de 1946). E: *Não me resta felicidade nesta vida desde os martírios de minha mãe e de minha jovem esposa. Nada me restou – exceto a responsabilidade perante meu trabalho intelectual, que tenho de realizar – ainda e apesar de tudo, ou: talvez precisamente porque tenho de sofrer assim* (1945).

De fato, após seu retorno a Viena, Frankl foi extraordinariamente produtivo: entre 1945 e 1949, publicou cinco livros, incluindo alguns dos textos principais e fundamentais da logoterapia e da análise existencial; ademais, proferiu conferências e palestras radiofônicas inúmeras e aclamadas tanto dentro como fora do país. Além disso, a partir de fevereiro de 1946, pôde retomar sua atividade como médico: Frankl foi nomeado diretor do departamento de neurologia da Policlínica de Viena – cargo que ocupou durante 25 anos, até sua aposentadoria em 1970.

No entanto, como já mencionado, os sucessos profissionais e científicos traçam apenas um lado da vida de Frankl após a libertação. O outro, às vezes também negligenciado pela recepção contemporânea do autor, mostra-se em especial, e de modo ainda mais proeminente do que seus êxitos externos, nas primeiras cartas à irmã e amigos íntimos. Nelas Frankl fala abertamente sobre a solidão e as aflições que o compungiam após seu regresso a Viena: o luto pelos seus familiares, sua primeira esposa e os inúmeros amigos que não sobreviveram à perseguição nazista...

A partir de abril de 1946, porém, as cartas documentam como Frankl, graças à relação com sua futura segunda esposa, Eleonore, nascida Schwindt, e ao nascimento de sua filha Gabriele em dezembro de 1947, ganhou cada vez mais coragem e força. Em sua carta a Rudolf Stenger, ele descreve o encontro com Eleonore Schwindt como o ponto de viragem decisivo: *Por alguns dias não preciso dizer-te novamente sobre como «eu estava». Porque recentemente as coisas «estão» diferentes à minha volta, mas decerto adivinhas o que quero dizer. [...] Desde então – e esta alusão basta por hoje – há uma pessoa próxima de mim que foi capaz de mudar tudo de uma só vez* (A Rudolf Stenger, 10 de maio de 1946).

No entanto, mesmo após esse ponto de viragem, ainda é claramente visível a sombra das experiências vividas. Assim, depois de consultar a irmã, que vive na Austrália, ele toma providências para, caso a história se repita, poder sem demora emigrar para lá com Eleonore e Gabriele; também organiza um arquivo na casa de sua irmã a fim de garantir a conservação de seu trabalho científico em qualquer circunstância (no que claramente era uma medida contra ameaças políticas que se renovavam).

2. Os textos e artigos de 1946-1947 e os discursos comemorativos de 1949-1988

Um motivo recorrente nas primeiras cartas após a libertação é a percepção de Frankl da «obrigação» de que, além da escrita de seus livros como sobrevivente do Holocausto, cabia-lhe, sobretudo, realizar um «trabalho de reconstrução psicológica».

Este «trabalho de reconstrução» girava principalmente em torno de três temas complexos: a responsabilidade pessoal, política e social – fora o sofrimento e a culpa. Com efeito, ao que preocupava Frankl e muitos outros regressos sob a forma da superação do sofrimento, juntavam-se – muitas vezes de maneira não menos premente – a questão da culpa dos outros e, portanto, o problema de como os sobreviventes deveriam lidar com suas respectivas biografias recentes.

Contra este pano de fundo, a sociedade austríaca e alemã depois de 1945 mostrava-se profundamente dividida: de um lado, aqueles que haviam experimentado humilhações e sofrimentos inconcebíveis; do outro, os que ao menos permitiram ou causaram direta ou indiretamente esse sofrimento. Neste último grupo, por sua vez, encontravam-se aqueles que se arrependeram sinceramente de seu envolvimento, mas agora se viam ainda mais confrontados com o peso da culpa e da responsabilidade. A experiência da Segunda Guerra Mundial e do Holocausto converteu-se, assim, em focos existenciais densos, talvez historicamente únicos, de confrontação existencial com o sofrimento, a culpa e a morte – milhões de pessoas padeceram; muitos eram culpados, e quase todas as famílias tinham mortos de que lamentar: *Coube à Segunda Guerra Mundial fomentar [a] difusão [de questões existenciais], atualizá-las e, além do mais, radicalizá-las ao extremo. Mas se nos perguntarmos a razão disso, devemos ter presente que a Segunda Guerra Mundial significou desde o início mais do que a mera experiência do fronte: trouxe para o «interior» (que já não mais existia) a experiência dos abrigos antiaéreos – e dos campos de concentração.*

Quando, após seu retorno, Frankl levanta essas questões existenciais, chama a atenção o fato de que, embora reconheça desde o início o contexto e o caráter únicos do Holocausto, alerta ao mesmo tempo seus ouvintes e leitores a respeito da urgência – e das circunstâncias concretas em que se dá – de se considerar as questões existenciais que não foram suscitadas pela primeira vez pelo Holocausto, mas apenas «radicalizadas» por ele. Em uma passagem-chave, o autor exprime a dialética entre a historicidade e a atemporalidade dessas questões que se haviam tornado tão urgentes por meio dos acontecimentos dados entre 1938 e 1945: *E também se engana quem pensa*

INTRODUÇÃO

que foi o nacional-socialismo que criou o mal: seria isso superestimar o nacional-socialismo; porque este nunca foi criativo – nem mesmo para o mal. O nacional-socialismo não criou o mal: apenas o fomentou – como talvez nenhum outro sistema antes.

Por conseguinte, o que é válido para o mal também se aplica ao sofrimento e à culpa que nasceram deste mal: estes alcançaram no Holocausto um escopo único na história, mas, em sua essência, são determinantes perpétuos da existência humana. Sofrimento, culpa e morte constituem partes da experiência do homem; nenhum curso de vida será poupado deles.

Portanto, quando Frankl aborda esses problemas, fá-lo não só com vista à questão de como os sobreviventes da guerra e do Holocausto deveriam responder à tríade trágica (sofrimento, culpa e morte), mas também voltando-se para o homem em geral – por exemplo, se uma vida que mais cedo ou mais tarde é levada ao limite do compreensível e suportável ainda vale a pena ser vivida e tem algum sentido...

A resposta de Frankl a esta pergunta é expressa em outra passagem-chave, na qual ele também formula o motor do seu «otimismo trágico», que constitui a base argumentativa sobre a qual o ser humano deve ser habilitado a dizer «sim à vida (apesar de tudo)»:

Senhoras e senhores, não acredito que estou cometendo um erro... em tornar-me demasiado pessoal neste momento; antes pelo contrário, penso que devo fazê-lo a fim de facilitar a compreensão do que vos pretendo apresentar. Pois bem: no campo de concentração havia muitos, e graves, problemas; mas no final das contas a principal preocupação dos prisioneiros era: «Iremos sobreviver? Porque só então teria o nosso sofrimento um sentido». Para mim, contudo, o problema era outro – o meu problema era exatamente o oposto: têm o sofrimento e a morte um sentido?

Porque só então... poderia a sobrevivência ter um sentido! Em outras palavras: uma vida com sentido – uma, em todo caso, com sentido – parecia-me a única que valia a pena ser vivida; por outro lado, uma vida cujo sentido está à mercê do mais cru acaso – a saber, se se consiga escapar com vida ou não –, uma tal vida, com um sentido tão duvidoso, não me parecia realmente que valesse a pena, mesmo que se se pudesse escapar...

Se minha convicção sobre o sentido incondicional da vida – um sentido tão incondicional que inclui igualmente o sofrimento e a morte, aparentemente tão absurdos –, se esta convicção passou no teste mais difícil de todos, se eu superei esse, deixai-me colocar assim, experimentum crucis *que era o campo de concentração, bem, então ela provou a si mesma, e para sempre. Se essa minha convicção sobre o significado incondicional da vida, do sofrimento, da morte, não tivesse passado no teste, então eu estaria, sem dúvida, definitivamente desiludido, e de forma incurável. Mas minha convicção passou no teste: pois se a minha vida não tivesse sido salva, eu não estaria aqui perante vós; não estaria a falar-vos hoje...*

Esta viragem da questão do sentido do sofrimento leva Frankl de um olhar exclusivo à condicionalidade do ser humano (o «mais crasso acaso») ao segundo tema central de seu trabalho no período pós-guerra: a capacidade de decisão e a responsabilidade do ser humano ante suas ações e omissões no passado e no presente.

Tendo em conta aquilo por que muitos tiveram de responder depois de 1945, tratava-se, em primeiro lugar, de enfrentar a resistência e a relutância generalizadas de fazer um balanço honesto das próprias ações. Com efeito, depois de 1945, não foram poucos os austríacos que tomaram o caminho aparentemente mais fácil – e ao mesmo tempo duvidoso – de negar sua responsabilidade pelos infortúnios e misérias causados pelo regime nazista, atribuindo-a exclusivamente *aos alemães*. No entanto, tal isenção de responsabilidade não pode ser deduzida de fatos históricos. Por conseguinte, àqueles austríacos que, por exemplo, pretendiam responsabilizar os alemães em geral, mas não os nacional-socialistas austríacos, Frankl não poderia oferecer muito alívio – especialmente a partir de sua perspectiva como sobrevivente de quatro campos de concentração:

[É melhor] não falar em demasia sobre o sofrimento que os alemães trouxeram à Áustria. Porque se deve perguntar primeiro às próprias vítimas, aos austríacos que eram prisioneiros nos campos de con-

INTRODUÇÃO

centração, e eles dirão que a SS vienense, à frente de todas as outras SS, era a mais temida! [Deve-se] perguntar aos judeus austríacos que assistiram em Viena ao 10 de novembro de 1938 e depois, nos campos de concentração, ouviram de seus correligionários alemães do «antigo Reich» que nesse mesmo dia a SS alemã, que obedecia às mesmas ordens de cima, procedera de maneira muito mais clemente. [...] Eu sei que com tais comentários corro o risco de ser mal interpretado, no sentido da alta traição. Mas todo austríaco ciente de sua responsabilidade deve aceitar um tal mal-entendido logo que ele fareje o grande perigo de hoje: o farisaísmo austríaco.

Como aludimos no início desta introdução, os primeiros textos sobre responsabilidade política, em particular, trazem à luz o lado geralmente menos conhecido da obra pós-guerra de Frankl. Aqui Frankl assume não tanto o papel de psicólogo, mas sobretudo o de um admoestador político:

Muitos de nós, os poucos regressos que sobreviveram dos campos, estamos cheios de decepção e amargura. Decepção, porque nosso infortúnio ainda não cessou, e amargura porque a injustiça ainda persiste. Já que muitas vezes nada pode ser feito contra o infortúnio que nos esperava em nosso retorno, tanto mais devemos agir contra a injustiça, bem como despertar da letargia em que a decepção e a amargura ameaçam lançar-nos.

Em muitos casos, fica-se com a impressão de que as pessoas, que foram rotuladas com a bela palavra «KZ-ler»[1], já são vistas como um sintoma ultrapassado da vida pública. Declaro: o homem que fora prisioneiro de campos de concentração é e continuará sendo um tipo atual enquanto houver um único nazista na Áustria, disfarçado ou – como vemos novamente – de maneira aberta. Somos a má consciência viva da sociedade.

Nós, neurologistas, sabemos muito bem que o homem tende a «reprimir», para usar a expressão de Freud, a má consciência. Mas

---

(1) *KZ-ler* era a alcunha que se dava aos prisioneiros de campos de concentração nazistas. Vem de *Konzentrationslager*: «campo de concentração», em alemão. (N. do T.)

não nos vamos permitir ser reprimidos. Constituiremos uma comunidade de luta, uma comunidade apartidária, mas que conhece um inimigo comum: o fascismo.

A «letargia» e a fuga da responsabilidade implicam para o ser humano uma ameaça não só a nível político e social, mas também psicológico e existencial – e apresentam assim, ao psiquiatra, o desafio de proteger as pessoas, cansadas e inseguras devido à culpa e à experiência da dor, de se recolherem no descomprometimento das atitudes provisórias ou fatalistas em relação à vida:

Esta geração viveu duas guerras mundiais. De mais disso, «convulsões sociais», revoluções, inflação, crises econômicas mundiais, desemprego, terror, períodos de pré-guerra, guerra e pós-guerra – muito para uma geração. Em que mais deve acreditar – e teria de acreditar, a fim de poder construir algo? Ela não acredita mais em nada – espera. Na época anterior à guerra, dizia-se: Faz algo agora? Agora, quando a guerra pode irromper a qualquer momento? Durante a guerra, dizia-se: O que podemos fazer agora? Nada além de esperar pelo fim da guerra – esperar, e então veremos. E assim que a guerra chegou ao fim, dizia-se novamente: Devemos agora fazer alguma coisa? Nada pode ser feito no período pós-guerra – tudo ainda é provisório.

Agora sabemos, graças a vários estudos psicológicos, que a atitude existencial do provisório nos anos pós-guerra deve ter sido um virulento problema psicológico de massa. Sabemos também, no entanto, que tal problema não se limitou àqueles anos, mas que pode ser observado, de maneira aparentemente paradoxal e em grau alarmante, sobretudo em tempos de relativa prosperidade. Assim, a exemplo dos argumentos de Frankl sobre o otimismo trágico, seu apelo à observação consciente da responsabilidade pessoal e social do indivíduo não perdeu sua relevância histórica ou psicológica. De fato, diante de uma resignação e renúncia cada vez mais desenfreadas à vida, ele parece mais atual do que nunca, e isso se aplica aos textos sobre a patologia do *Zeitgeist*: o motivo de sua escrita é historicamente único; a mensagem, por outro lado, altamente contemporânea.

INTRODUÇÃO

O fato de o próprio Frankl ter alcançado uma validade que foi além do contexto histórico da época, mesmo para aquelas obras suas que à primeira vista parecem mais históricas, é demonstrado não menos pela repercussão de *Em busca de sentido*. Embora o livro descreva um destino individual, Frankl, de acordo com suas próprias afirmações, visava com sua escrita não apenas a descrição pessoal de suas experiências em quatro campos de concentração, mas também ilustrar com um exemplo concreto a ideia central da logoterapia, segundo a qual mesmo o pior dos infortúnios é forte o suficiente para questionar o sentido potencial da existência e a dignidade incondicional de cada indivíduo:

> *Eu queria ilustrar ao leitor [...] por meio de um exemplo concreto que a vida tem potencialmente um sentido em todas as circunstâncias, mesmo as piores. E eu pensei que meu livro seria ouvido se pudesse mostrar isso por meio de uma situação tão extrema como a de um campo de concentração. Senti que tinha a responsabilidade de escrever e registrar o que tive de sofrer e suportar, pois achei que talvez pudesse ser útil para aqueles que estão próximos do desespero.*

É de se esperar que as cartas e textos provenientes do arquivo privado de Frankl, e que são publicados pela primeira vez nesta compilação, cumpram a intenção do autor tanto quanto seu livro sobre os campos de concentração; também é de se esperar que sejam capazes de mostrar, qual seu *Em busca de sentido*, que, *[por] mais única que seja a situação, não [há] nenhuma que não abrigue em si mesma um sentido potencial, mesmo que este consista apenas em testemunhar a capacidade humana de transformar em triunfo pessoal aquela trágica tríade «sofrimento – culpa – morte».* E ainda: *Enquanto o homem respira, enquanto ele ainda está consciente, traz a responsabilidade de dar uma resposta à questão da vida. Isso não deve nos surpreender no momento em que nos lembramos qual é o grande fato fundamental do ser humano – ser humano nada mais é do que: ser consciencioso e responsável!*

Testemunhas de seu tempo[1]

26 de junho de 1985

Nos anos trinta, primeiro veio o *Ständestaat*[2]: isto é, a proibição do Partido Social-Democrata. Naquela época, tentou-se sufocar a influência dos nacional-socialistas, dos quais já havia alguns ilegais na Áustria, comprando ao menos seu antissemitismo. E apesar de todos os princípios morais que deveriam se opor a isso, aconteceu, por exemplo, que naquela época eu tinha trabalhado por quase quatro anos no Hospital Psiquiátrico de Steinhof, mas como judeu fui repetidas vezes preterido e não nomeado funcionário público, apesar de minhas qualificações e publicações. Em 1937, estabeleci-me como especialista em neurologia e psiquiatria e abri um consultório particular. Mas isso não durou muito, porque em 1938 veio a mudança radical – e com consequências verdadeiramente singulares

---

(1) Palestra ministrada no estúdio da ORF em Salzburg.
(2) O Estado Federal da Áustria (em alemão: *Bundesstaat Österreich*; coloquialmente conhecido como *Ständestaat*, «Estado Corporativo») foi uma continuação da Primeira República e governou entre 1934 e 1938; era um Estado de partido único liderado pela Frente Patriótica. O conceito de *Ständestaat*, derivado da noção de *Stände* («propriedades» ou «corporações»), foi defendido por líderes do regime, como Engelbert Dollfuss e Kurt Schuschnigg. O resultado foi um governo autoritário baseado no fascismo italiano e no conservadorismo católico. Terminou em março de 1938 com o *Anschluss*, a anexação da Áustria por parte da Alemanha nazista. (N. do T.)

para mim. Na manhã do mesmo dia, eu ainda estava no Hospital Psiquiátrico Universitário, dirigido na altura pelo professor Otto Pötzl, quando o docente Karl Novotny, o principal representante da psicologia individual, veio ter comigo após sua visita e disse: «Sr. Frankl, não poderíeis dar uma palestra no meu lugar hoje à noite no Urania? Eu não posso». Perguntei a ele: «Qual é o tema?». E ele respondeu: «O nervosismo como fenômeno da época».

Essa tensão e nervosismo estavam então no ar naquele dia de mudança radical, o da anexação. Agora eu podia fazê-lo facilmente, porque o Urania ficava a apenas cinco minutos a pé de minha casa. Sem suspeitar do que poderia acontecer, entrei naquele dia na sala de conferências, comecei a minha palestra e, após talvez vinte minutos, alguém abre de repente a porta, detém-se diante dela com as pernas afastadas e as mãos nos quadris, e olha para mim com um olhar cheio de raiva: um homem da SA. Nunca antes eu tinha visto algo assim.

Ato contínuo, em algumas frações de segundo, passou-me pela cabeça o que eu como estudante havia vivenciado com o professor doutor Fremel. Na época, nós, estudantes de medicina, não éramos ainda obrigados a prestar exames em otologia. Só tínhamos de nos inscrever, mas ninguém tinha de estudar. Então, no devido momento, pedimos ao professor Fremel que apostasse sua assinatura no certificado – lá está ele ali de pé e diz: «Aqui tendes a assinatura. Mas não quereis ficar um pouco – vou dizer-vos algo sobre o tímpano». O que podíamos fazer? Ficamos, portanto, parados por um momento. Logo ele começa a contar-nos sobre o tímpano. E não mais fomos capazes de nos afastar dele – estávamos fascinados, enfeitiçados, e simplesmente paramos ali, de pé. Como podia uma pessoa falar assim do tímpano – foi incrível!

Naquele momento, faz-me estremecer o pensamento: «Diabos, vou agora continuar a falar calmamente e de tal maneira que este homem da SA pare e me escute». Acreditais ou não, aquele homem ficou lá ouvindo por quarenta minutos, junto à porta, com as pernas afastadas e o olhar de fúria. Ele não me fez nada, sequer interrompeu a palestra. Vedes então tudo o que pode ser feito quando se acredita na possibilidade.

Depois fui nomeado – sucedendo o consagrado professor e pesquisador da epilepsia Felix von Frisch, que havia emigrado para Inglaterra – médico-chefe da ala de neurologia do Hospital Rothschild. Lá fiquei até 1942, ano em que o hospital foi fechado e eu, enviado com meus pais idosos para o campo de Theresienstadt.

Quando fomos deportados, ouvi meu pai dizer – com um sorriso no rosto – as seguintes palavras: «Se Deus assim o quer, aceito com quietude». Isso é uma descrição fenomenológica dos fatos. Interpreto-o no sentido de que meu pai, que era uma pessoa liberal, mas com uma postura de vida autenticamente religiosa, tinha uma crença incondicional no significado último da existência. Meu pai tinha na época a minha idade da agora. Não sei o que eu diria se tivesse hoje de trilhar inesperadamente este caminho.

Meu pai morreu de fome em Theresienstadt aos 81 anos de idade. No entanto, o que acabou provocando sua morte foi uma pneumonia grave. Quando ele estava morrendo, visitei-o à noite no barracão onde se encontrava, embora estivéssemos proibidos de sair. O edema pulmonar já estava em estágio terminal – aquilo a que o leigo chama «agonia de morte».

Era, portanto, pelo menos medicamente, indicado na altura que eu lhe administrasse um pouco de morfina. Eu havia contrabandeado uma ampola de morfina para o campo de concentração. Sabia que isso lhe daria alívio naquele momento chamado de agonia de morte – acima de tudo, mitigaria a terrível dificuldade em respirar. Esperei então a morfina começar a fazer efeito e perguntei-lhe:

«Queres me dizer algo mais?».

«Não, obrigado».

«Mais alguma coisa que me queiras perguntar?».

«Não, obrigado».

«Sentes alguma dor?».

«Não, obrigado».

«Estás bem?».

«Sim».

Saí furtivamente de lá, sabendo que não o encontraria mais vivo na manhã seguinte. E enquanto me afastava e voltava ao meu barracão, tive pela primeira vez aquela sensação que Maslow chamaria de experiência culminante – uma satisfação absoluta. Sentia-me feliz. Era um sentimento magistral: eu havia feito a minha parte e conseguira estar com o meu pai até o último momento em que ele esteve consciente.

Afinal, eu tinha ficado em Viena por causa de meus pais. Poderia ter deixado o país.

Tive de esperar durante anos pelo visto que me teria permitido entrar nos Estados Unidos. Finalmente, pouco antes de os Estados Unidos entrarem na guerra, recebi um pedido por escrito para comparecer ao consulado daquele país e obter o visto emitido. Pasmei-me então: Devo deixar meus pais para trás? Sozinhos? Mas eles, como meus parentes mais próximos, estavam protegidos contra a deportação enquanto eu trabalhasse como médico no Hospital Rothschild. Por conseguinte, eu sabia o destino que os esperava se eu deixasse Viena: a deportação para um campo de concentração. Devia então dizer adeus a eles e simplesmente deixá-los à própria sorte? Afinal, o visto só valia para mim!

Indeciso, deixo a casa, dou um pequeno passeio e penso: «Não é essa a típica situação em que um sinal do céu se faria necessário?». Quando retorno, meus olhos caem sobre um pequeno pedaço de mármore sobre uma mesa. «O que é isso?», dirijo-me ao meu pai. «Isso? Ah, apanhei-o hoje de uma pilha de escombros, bem onde se achava a sinagoga que os nazistas incendiaram. Pensei então para comigo: "É algo sagrado, não posso simplesmente deixá-lo jogado na rua". Esta peça de mármore faz parte das Tábuas da Lei. Se tiveres interesse, posso também dizer-te a qual dos Dez Mandamentos a letra hebraica gravada se refere. Pois há apenas um mandamento cuja inicial se dá com ela».

«E qual é?», insisto com o meu pai. Ao que ele responde: «Honrarás o teu pai e a tua mãe, para que vás bem e vivas muito tempo sobre a terra...». E assim fiquei «na terra», com os meus pais, e deixei o visto caducar.

Depois que deixei o meu visto expirar ainda se passaram dois anos, e durante este tempo meus pais também puderam ficar em Viena. É claro que eu corria o risco de ter que ir com eles a um campo de concentração. Mas valeu o sacrifício – e isso se confirmou naquele momento, em Theresienstadt, em que me despedi de meu pai. Para mim foi um cálculo muito simples, e eu havia sido bem-sucedido. Tive uma sensação indescritível de felicidade. Imagineis, portanto: o vosso pai morre e vós estais felizes. Há coisas assim em tais contextos. Porque em situações anormais um ato anormal é o normal, ou digamos nesse caso: o certo é o necessário. E depois, o que aconteceu? Levaram-me de Theresienstadt para Auschwitz.

E quando chegou a altura de nossa deportação, minha e de minha primeira esposa, Tilly, para Auschwitz, eu disse adeus à minha mãe, pedindo no último momento a ela: «Por favor, dá-me a tua bênção». E nunca esquecerei como ela se expressou, com um grito que veio inteiramente de seu âmago e que só posso descrever como fervoroso: «Sim, sim, abençoo-te» – e depois ela deu-me a bênção. Isso aconteceu uma semana antes de também ela ter sido enviada para Auschwitz.

Lembro-me precisamente de minha chegada à estação de trem em Auschwitz. Essa foi a situação em que me encontrei diante de Mengele, a uma distância de um ou dois metros. Na rampa, quando fizeram o que chamavam de seleção, mandaram-me para a direita. Por acaso, sei de estatísticas posteriores que as minhas chances de sobrevivência nessa altura eram exatamente de 1 em 29. Vós precisais entender que, em tal situação, uma pessoa não tem sentimentos de culpa, como os psicanalistas na América afirmam, mas sente antes uma grande responsabilidade.

Em geral, uma pessoa assim, quando realmente compreende a situação e não a esquece, sentirá que tem de se perguntar dia após dia se é digna da graça de sobreviver. E dia após dia dirá a si mesma: dificilmente, apesar de todos os esforços. Portanto, há uma *survival responsibility*, uma responsabilidade em face da sobrevivência, mas não um sentimento de culpa *a priori*, e muito menos uma culpa existencial real.

Passei, porém, apenas alguns dias no campo de Auschwitz. Em seguida, fui transportado por dois dias num vagão de gado para Kaufering, subcampo ligado a Dachau. Logo me levaram para Türkheim. Ali, desenvolvi uma febre muito alta. Só mais tarde se evidenciou que se tratava de tifo exantemático. Nessa altura, eu pesava 40 kg e estava com temperatura de quarenta graus. E, como médico, sabia que, se adormecesse ou ficasse inconsciente à noite, teria um colapso cardiovascular: a pressão arterial cairia e eu estaria perdido. Procurei, por isso, manter-me acordado.

Um camarada do campo havia roubado algumas folhinhas de papel do escritório da SS. Ainda hoje as tenho. Eram formulários impressos de um lado – mas o verso estava em branco; e depois ele me trouxe de lá um toco de lápis. Foi meu presente de aniversário. E na parte de trás desses formulários reconstruí com o lápis, sob a forma de palavras-chaves estenográficas, o manuscrito do meu primeiro livro.

Eu havia trazido o manuscrito para Auschwitz – escondido, cosido no forro de meu casaco. É claro que em Auschwitz tive de jogar tudo fora – o casaco, toda a roupa, simplesmente tudo. E também nos rasparam a cabeça, sobretudo por causa do risco de tifo. Em todo caso, o manuscrito perdeu-se – e essa foi a minha grande dor. Assim, as chances de sobrevivência desse manuscrito não eram de 1 em 29, mas praticamente nulas desde o princípio. Passei, portanto, os meses de março e abril de 1945 no campo de concentração de Türkheim, reescrevendo o livro. Essas notas foram mais tarde, após a libertação, muito úteis para mim. Como eu disse, ainda hoje as tenho.

Em 27 de abril de 1945, fui libertado pelos texanos e parti para Munique, onde fiquei até conseguir, de maneira não muito legal, apanhar o primeiro trem para Viena que pude pegar. Enquanto ainda estava em Munique, descobri que a minha mãe havia sido levada para a câmara de gás. E, no primeiro dia em Viena, soube que a minha mulher tinha perecido em Bergen-Belsen, aos 25 anos de idade.

CARTAS
1945-1947

Libertado do campo de concentração

Em busca de sentido
1945

E agora queremos nos voltar para a última parte no âmbito de uma psicologia do campo de concentração: a psicologia do prisioneiro libertado. À alta tensão mental seguiu-se uma completa descontração interior; mas engana-se quem pensa que agora reinava entre nós uma grande alegria. O que realmente aconteceu naquela altura?

Com passos cansados, os camaradas prisioneiros arrastam-se para o portão do campo – as suas pernas mal os suportam. Tímidos, olham em volta, questionam um ao outro com um olhar. Depois dão os primeiros passos (receosos) para fora do campo, e desta vez não ressoa nenhuma palavra de comando, nem se precisa mais esquivar-se de murros ou pontapés. Oh, não; desta vez os guardas do campo lhes oferecem cigarros.

Decerto, não se reconhece imediatamente os sentinelas como tais, porque eles correram para se vestir como civis. Lentamente caminha-se ao longo da estrada que partia do campo. Já as pernas doem e ameaçam dobrar-se. Arrasta-se adiante, desejar-se-ia ver, pela primeira vez, os arredores do campo – ou melhor: vê-los pela primeira vez como um homem livre. Por isso, sai-se para a natureza e para a liberdade. «Para a liberdade», diz-se a si mesmo, repetindo-o vezes sem conta em sua mente; mas quase sem acreditar ou compreender. A palavra liberdade já estava muito desgastada pelos anos de sonhos ansiosos; e o conceito, demasiado desbotado. Confrontado com a realidade, diluía-se. A realidade ainda não penetra completamente em nossa consciência: simplesmente ainda não se consegue apreendê-la.

Aí se chega a um prado, com flores a desabrochar sobre ele. Toma-se conhecimento de tudo isso, mas não «ao sentimento». A primeira centelha de alegria ocorre assim que se avista um galo que tem na cauda esplêndidas penas multicoloridas. Mas continua a ser apenas uma centelha de alegria, e ainda não se faz parte do mundo.

Depois senta-se sob um castanheiro, sobre um pequeno banco; só Deus sabe que expressão o rosto assume ali – de todo modo: o mundo ainda não causa nenhuma impressão. À noite, quando os camaradas reúnem-se novamente em seu velho barracão, um vem e sussurra para o outro, em tom secreto: «Diz-me, hoje foste feliz?». E este outro responde – e ainda se sente envergonhado, porque não sabe que o resto de nós se sente da mesma forma: «Honestamente, não!»... Resumindo: perdeu-se literalmente a capacidade de ser feliz, e será preciso reaprendê-la aos poucos.

O que os camaradas libertados experimentaram pode ser descrito, de um ponto de vista psicológico, como uma pronunciada despersonalização. Tudo parece irreal, improvável; tudo parece ser um mero sonho. Ainda não se podia acreditar que fosse verdade. Com frequência, com muita frequência, o sonho os ludibriou nesses últimos anos. Quantas vezes não se sonhou que aquele dia despontaria e que se poderia mover livremente!

Quantas vezes não se sonhou com a libertação, em voltar para casa, saudar os amigos e abraçar a esposa, sentar-se à mesa com eles e contar-lhes tudo o que se passou durante o cativeiro, e também sobre quantas vezes se antecipou em sonhos o dia de reencontro – mas desta vez este dia tornou-se realidade!

E então soam ao ouvido os três apitos estridentes, que comandam o «Levantar!», e arrancam todos do sonho, justamente quando se provava a liberdade pela enésima vez. E deve-se agora acreditar de uma vez por todas! Mas, agora, tornou-se esta liberdade verdadeiramente real? E no entanto assim será, um dia. Contudo, o corpo tem menos inibições do que a alma. Desde a primeira hora, ele faz uso da realidade, agarra-se a ela, literalmente: porque se começa a comer. Come-se vorazmente por horas e dias, mesmo no meio da noite. É inconcebível a quantidade de comida que se pode devorar. E se algum bom agricultor de perto do campo convida um ou outro dos prisioneiros libertados para almoçar, ele come e depois bebe café – e isso solta-lhe a língua, e agora ele começa a falar, durante horas. É a pressão, a que ele tinha estado sujeito durante anos, que se descarrega, e muitas vezes, ao ouvi-lo, se tinha a impressão de que o ser humano em questão estaria sob uma espécie de compulsão emocional, daí a tão premente necessidade de falar.

Passam-se dias, muitos dias, até que não só a língua se solta, mas algo dentro de si se afrouxa, e de repente o sentimento tala uma brecha naquela estranha barreira de contenção pela qual tinha sido até então contido. Então, um dia, alguns dias após a libertação, caminhas pelo campo aberto, por quilômetros, através de corredores floridos, em direção a uma vila nas proximidades do campo; as cotovias erguem-se, elevam-se até as alturas, e tu ouves o seu alegre canto, ressoando lá em cima ao ar livre. Ao longe e ao largo não se vê viva alma, nada há ao teu redor, afora a vasta terra e o céu e o júbilo das cotovias e o espaço aberto. Aí interrompes teu passo para este espaço aberto, paras, olhas em volta, depois para o céu – e depois cais de joelhos. Neste momento não sabes muito de ti próprio, e não conheces muito do mundo; ouves dentro de ti apenas uma frase, e a mesma frase uma e outra vez: «Na angústia clamei ao Senhor, e Ele respondeu-me no espaço aberto». – Quanto tempo ficaste ajoelhado ali, quantas vezes repetiste aquele clamor –, a memória não sabe mais dizer... Mas naquele dia, naquela hora, a tua nova vida começou – sabes bem disso. E passo a passo, sem outra forma, entraste nesta nova vida, tornaste um ser humano novamente.

A Wilhelm e Stepha Börner[1]
3 de maio de 1945

> Comité International de la Croix-Rouge (Genéve)
> Message à transmettre[2]
> Libertado do campo de concentração, graças a Deus, saudável, mãe e esposa deportadas. Nenhuma notícia. Viktor

A Wilhelm e Stepha Börner
15 de junho de 1945

Caros Stepha e Wilhelm, com a devida pressa escrevo-vos hoje esta carta. Encontro-me atualmente em Bad Wörishofen, a famosa estância balneária Kneipp, na Baviera, em um grande e elegante hotel que era usado antes como hospital militar alemão e, agora, como hospital e residência para os prisioneiros judeus trazidos dos muitos campos de concentração das redondezas. No momento, depois que eu mesmo estive em um campo de concentração próximo (Türkheim), trabalho aqui como médico-oficial responsável pela supervisão de serviços médicos em nome dos pacientes judeus, bem como em nome das autoridades americanas.

Em 27 de abril, os americanos libertaram-nos. (Imediatamente antes disso, eu já tinha feito uma tentativa de fuga, recorrendo ao momento em que tive de enterrar um dos muitos cadáveres fora

---

(1) Wilhelm Börner (1882-1951), filósofo e educador, dirigiu, de 1921 até sua proibição em 1938, e de 1945 a 1951, a *Ethische Gemeinde* [Comunidade Ética] em Viena. No âmbito desta atividade, fundou em Viena os primeiros centros de aconselhamento e prevenção contra o suicídio [*Lebensmüdenberatung*] do mundo. Ele e Viktor Frankl, amigos de toda uma vida, já se conheciam bem muito antes da guerra. A iniciativa de Börner de fundar o Centro de Aconselhamento e Prevenção contra o Suicídio foi um importante impulso para Frankl fundar os centros de aconselhamento para jovens. Börner também esteve ativo aqui, como um dos consultores voluntários.

(2) Em francês no original:

«Comitê Internacional da Cruz Vermelha (Genebra)
Mensagem a ser enviada.» (N. do T.)

da cerca de arame farpado.) Em muito pouco tempo ganhei vários quilos; tudo parecia um sonho nos primeiros dias, não se podia sequer estar contente com nada – tinha-se literalmente, acreditai-me, esquecido! Infelizmente, até hoje não estou certo do destino da minha família, se a minha mãe ainda permanece em Theresienstadt ou se a minha esposa deixou o campo de concentração e já está em Viena. Por enquanto não posso lá ir, nem mesmo escrever. Tampouco sei sobre o meu irmão Walter! De minha sogra, que já havia sido evacuada de Theresienstadt em junho de 1944 (ela tinha vindo conosco juntamente com a avó de minha esposa), também ainda não tive notícias, exceto uma vez. Espero que todos estejam vivos. Eu temo o momento de certeza... quando se chega em casa.

Desde anteontem venho ditando novamente meu manuscrito em taquigramas, e assim penso em outras coisas. Talvez eu possa retomar meu trabalho científico em Viena, enquanto puder ou tiver de ficar lá. Tudo depende do aspecto das coisas com a minha mãe e a minha esposa: a primeira vai querer ir para a Austrália e Tilly, para o Brasil.

Deus sabe todas as coisas urgentes e importantes que esqueci de vos contar na minha pressa! Além do mais, estou cansado do ditado de hoje – para o meu livro *Ärztliche Seelsorge*, que, espero, possa ser publicado em breve, a fim de que eu tenha finalmente esse parto espiritual atrás de mim. Portanto, cruzai os dedos para que tudo corra bem em relação aos meus familiares, e espero que não me tenhais esquecido por completo.

Vosso, Viktor.

A Wilhelm e Stepha Börner
4 de agosto de 1945

Meus queridos!
Hoje chegou às minhas mãos a vossa carta de 5 de julho. Mal podeis imaginar a minha alegria. É a primeira carta que recebo em três anos.

Apenas algumas informações, de acordo com os pontos tocados por vós na carta: O tio Sigmund chegou à Polônia no início de 1942. No verão desse mesmo ano, a tia Ida veio com a tia Helene para Theresienstadt. Quando também lá chegamos em setembro de 1942, Otto Ungar disse-nos que pouco antes ambas as tias haviam sido enviadas para a Polônia. Até então, tinham resistido bem. Mas, e depois?... A tia Hanni e Berta também estiveram em Theresienstadt. A primeira faleceu em 1944, e a outra chegou a Auschwitz pouco antes de mim. Otto foi preso na companhia de alguns de seus colegas no verão de 1944 e enviado com sua esposa e filhinha para o campo de concentração Kleine Festung, perto de Theresienstadt. Fritz, como me contou Otto, foi morto a tiros no decurso das ações de retaliação dos nazistas na República Tcheca, depois de permanecer escondido durante semanas. Käthe teria sofrido o mesmo destino se não tivesse fugido ilegalmente para Viena. Vally permaneceu em Viena, onde viveu como os chamados submarinos, isto é, sem se registrar e na clandestinidade. Quanto tempo ela conseguiu manter-se assim, infelizmente não sei. Quanto ao resto das pessoas que mencionastes, não me lembro de nada.

Recebíamos naquele tempo remessas de sardinha, outros pacotes não... Praticamente salvaram nossas vidas. Mamãe era muito diligente e, cerzindo meias para solteiros, obtinha todo o tipo de gêneros alimentícios. Mas sua única alegria foi quando me pôde visitar, nem que apenas por alguns minutos, de manhã no meu quarto do barracão que dividia com sete outros colegas. Ela era simplesmente amorosa. Deus conceda que eu a veja novamente!

Estou em Munique há algumas semanas, depois de me ter sido dito em Wörishofen que um transporte estava para partir rumo a Viena. Vi-me obrigado a escapar do meu capitão americano[3], pois ele me havia dito que não me deixaria partir enquanto existisse o hospital para o qual me havia nomeado médico-diretor (um assim chamado D[isplaced] P[ersons]-Hospital). Por um lado, era fácil substituir-me (só fazia trabalho administrativo); por outro, consti-

---

(3) Cf. a carta ao capitão Schepeler, adiante.

tuía para mim uma questão de consciência não demorar em ver a minha mãe uma só hora a mais do que o absolutamente necessário; caso contrário, todo o sacrifício que fiz pelos meus pais, para ficar com eles, teria sido sem sentido.

Assim, compreendeis que nem minha posição nem minha boa vida em Wörishofen podiam deter-me. No entanto, o transporte para Viena ainda não havia sido autorizado pelos russos. De todo modo, alguém irá para Viena nestes dias e poderá dizer-me se minha mãe e minha esposa já estão lá – o que é provável, se ainda estiverem vivas. Portanto, quando eu for, talvez já na próxima semana, saberei que tristes ou alegres surpresas me aguardam.

Nesse ínterim, não fiquei ocioso em Munique, nem mesmo depois de deixar meu cargo de médico-diretor. Dei uma palestra no rádio, que será transmitida pela Rádio Luxemburgo em todas as estações alemãs, sobre minha posição como psiquiatra diante dos assassinatos em massa de doentes mentais pelos nazistas. Escrevi também um artigo sobre a psicologia dos campos de concentração, que deve ser publicado nos jornais alemães.

Aliás, depois de tudo o que já passamos, nada mais me parece tão importante. É um prazer estar ainda vivo, grato por cada pequena alegria e, em especial, por cada oportunidade de trabalhar conforme a capacidade e inclinação de cada um.

Ambição, carreira, boa vida etc. desfrutam-se de bom grado, quando estão à mão, mas, se não – agora vejo claramente ante meus olhos os túmulos de nossos camaradas do campo de concentração, que foram enterrados em um pequeno bosque, em segredo e provisoriamente: pessoas tão jovens como eu ou ainda mais jovens, e mais capazes e melhores do que eu –, sente-se uma espécie de vergonha por ainda poder respirar, enquanto essas pessoas esplêndidas, bem como tantos entre seus amigos, apodrecem em seus túmulos. Vedes, tudo isso cria em nós, para todo o futuro, uma distância secreta de toda a felicidade e de todo o sofrimento deste mundo; uma distância, porém, que não paralisa, mas pelo contrário: faz-te sentir que só és digno da graça da vida se realizares algo.

Dificilmente podeis avaliar o que vossa carta significou para mim. Pois, à parte o conteúdo, vossas palavras tocam meu coração, ainda mais porque sinto que elas vêm do coração. Não vos esqueçei de mim, e acreditai que sou muito, muito grato a vós. Encerro com os meus melhores cumprimentos, também aos meus outros amigos, e um beijo para a minha irmã.

Vosso Viktor

Ao capitão Schepeler[4], diretor do hospital para pessoas deslocadas de Bad Wörishofen
Julho/agosto de 1945

Pedi ao Dr. Heumann que vos entregasse esta carta se eu não voltasse a Bad Wörishofen dentro de poucos dias. Estou indo para Munique porque busco uma oportunidade de regressar a Viena. Lá devo procurar minha velha mãe (doente do coração) e minha jovem esposa; ambas estavam comigo no campo de concentração, onde fomos separados uns dos outros. Não tive até agora notícias delas.

Evidentemente, tenciono regressar de Viena e trazer os meus familiares – se os conseguir encontrar – comigo. Esta é uma decisão que minha consciência me impõe, e não estou disposto a discutir sobre isso, pois é muito clara para mim. Certa feita, recusei-me a ir para os Estados Unidos, apesar de ter um visto: eu não podia deixar meus pais idosos sozinhos na Europa durante a guerra! Portanto, fiquei com eles – caso contrário, eu não teria sido levado para os campos de concentração. Não me arrependo, de maneira alguma, de ter tomado essa decisão. Era, para mim, simplesmente uma questão de responsabilidade; ninguém me poderia desobrigar disso. Agora é o mesmo: tenho o sentimento seguro e determinado

---

(4) Diretor do Hospital dos Aliados para Pessoas Deslocadas em Bad Wörishofen. Imediatamente após sua libertação, Viktor Frankl trabalhou ali como médico. O termo «pessoas deslocadas» aplicava-se a todos os que tinham sido expulsos, deportados ou fugido de sua terra natal.

de que devo ir à procura de minha mãe e de minha esposa. E penso que acreditareis em mim se eu disser que isso é algo que só minha consciência dita. Pois seria egoísta da minha parte continuar a trabalhar aqui – mesmo que preferisse ficar –, onde me é possível trabalhar e viver em boas condições.

Meu posto aqui é fácil de substituir, especialmente porque o Dr. Heumann trabalhou em estreita colaboração comigo e tem boa visão sobre as operações e serviços em andamento. Não vos contei de meus planos porque temia que não me deixásseis sair de Bad Wörishofen, ainda que por uma ou duas semanas. Agora só me resta pedir-vos perdão e esperar que tenhais um pouco de compreensão humana para com a minha situação e que ao menos entendais meu proceder, mesmo que não possais aprová-lo.

Falo-vos de homem para homem, e imploro vossa compreensão; mas considero mal menor ferir uma pessoa estimada do que a própria consciência. Assim, tão logo eu regresse, informar-vos-ei e estarei novamente à vossa disposição, talvez também no que respeita à minha verdadeira profissão, ou seja: como psiquiatra e neurologista.

Em busca de sentido
1946

O caminho que nos tirou da elevada tensão mental dos últimos dias de vida no campo de concentração, bem como da guerra de nervos (de volta) à paz do espírito, não é de forma alguma um caminho destituído de obstáculos. E engana-se quem acredita que o prisioneiro libertado de um campo de concentração já não necessita de cuidados psicológicos. Em primeiro lugar, deveríamos antes considerar isto: uma pessoa que esteve submetida, por muito tempo, a uma pressão mental sem tamanho, tão presente nos campos de concentração, tal pessoa está naturalmente ameaçada por certos perigos nas relações mentais mesmo após a libertação, sobretudo se esta ocorreu de maneira abrupta. Esses perigos (no sentido da psico-higiene) não são mais do que a contrapartida psicológica, por assim dizer, da doença de descompressão.

Assim como um mergulhador coloca em risco sua saúde física se de repente deixa a câmara isobárica (na qual tinha estado sob pressão de ar anormalmente elevada), o homem subitamente aliviado de uma pressão mental pode sofrer, sob determinadas circunstâncias, danos à saúde de sua mente.

Além da deformação que ameaça o homem que vê-se subitamente aliviado da pressão mental, há duas outras experiências fundamentais que podem pôr em perigo, prejudicar e deformar seu caráter: a amargura e a desilusão que sofre quando regressa livre à sua antiga vida. – A amargura é causada por muitos fenômenos da vida pública que ocorrem no âmbito do antigo ambiente da pessoa libertada.

Quando um homem assim regressa a casa e constata que é defrontado aqui e ali com nada mais do que um encolher de ombros ou frases rotineiras, então não é raro que dele se apodere uma amargura que o obriga a perguntar-se para que sofreu tudo aquilo. Se quase em todos os lugares lhe são apresentadas apenas as frases costumeiras: «Não sabíamos de nada...» e «Também sofremos...», ele terá de se perguntar se isso é realmente tudo o que os outros lhe sabem dizer...

Algo diferente é a experiência fundamental do desencanto. Não se trata aqui do semelhante, cuja superficialidade e indolência de coração horrorizam a ponto de se querer esconder em um buraco, a fim de não ver nem ouvir mais nada do mundo ao redor... Na verdade trata-se aqui, na experiência do desencanto, do destino ao qual o homem se sente entregue; isto é, o homem que acreditou durante anos a fio ter atingido o ponto mais baixo do sofrimento percebe agora que o sofrimento é de alguma forma sem fundo, que aparentemente não há o ponto baixo absoluto: que se pode sempre ir ainda aquém, descer cada vez mais...

Discutimos acima as tentativas de animar e elevar psicologicamente o ser humano que esteve no campo de concentração: é preciso orientá-lo para um objetivo futuro, lembrá-lo repetidas vezes da vida que está à sua espera, que... uma pessoa espera por ele. E depois? Ai daquele para quem a única coisa que o mantinha de pé no campo – o ente querido – já não existe! Ai daquele que agora

LIBERTADO DO CAMPO DE CONCENTRAÇÃO

experimenta na realidade aquele momento com que sonhou em mil sonhos de saudade, mas de forma diferente, bem diferente, de como o tinha imaginado! Ele pega o bonde, dirige-se para aquela casa que durante anos via em sua mente, e apenas em sua mente, e aperta a campainha – tal como desejara em seus mil sonhos...

Mas ele não encontrou a pessoa que deveria abrir a porta – ela nunca mais lhe abrirá a porta...

O que mais haveríeis de sofrer, devo sofrer agora

A Wilhelm e Stepha Börner
14 de setembro de 1945

    Meus queridos!
    Já estou em Viena há quatro semanas. Finalmente, tenho a oportunidade de vos escrever. Mas só tenho tristes notícias para vos dar: pouco antes de deixar Munique, soube que a minha mamãe foi enviada para Auschwitz uma semana depois de mim. O que isso significa, sabeis muito bem. E, assim que cheguei a Viena, disseram-me que a minha esposa também estava morta. Foi enviada de Auschwitz para o mal-afamado campo de concentração de Bergen-Belsen. Ali as mulheres tiveram de sofrer «coisas terríveis, indizíveis», como escreve em uma carta uma antiga colega da Tilly, que menciona seu nome entre as pessoas que morreram de tifo (a carta é da única sobrevivente do antigo hospital de irmãs enquanto estavam em Bergen-Belsen). Tive essas «coisas indizíveis» descritas para mim por uma repatriada de Bergen-Belsen. Não consigo reproduzir o que ela me disse.
    Por isso, estou agora completamente sozinho. Só uma pessoa com um destino semelhante ao meu consegue compreender-me. Sinto-me enormemente cansado, imensamente triste, imensamen-

te solitário. Não tenho mais nada a esperar e nada mais a temer. Falta-me alegria na vida, tenho apenas obrigações; eu só faço o que me ordena a consciência, e, assim, estabeleci-me novamente, e trabalho agora o meu manuscrito, ao mesmo tempo para a editora e para a habilitação. Um par de velhos amigos ocupa postos importantes e toma conta de mim de um modo realmente comovente[1]. Mas o êxito não me alegra; tudo é vazio, insignificante e vão aos meus olhos; de tudo mantenho distância. Não me diz algo, nem significa nada para mim. Os melhores não retornaram (também o meu melhor amigo, Hubert[2], foi decapitado) e me deixaram sozinho. No campo se acreditava ter atingido o ponto mais baixo da existência – e depois, quando se regressou, tinha-se de ver que nada havia valido a pena, que aquilo que nos sustinha estava destruído, que, no momento em que se tinha tornado humano novamente, ainda se podia cair mais fundo, afundar em um sofrimento mais insondável. Talvez não haja mais nada a fazer a não ser chorar um pouco e folhear os salmos.

Talvez riais de mim, talvez vos zangueis comigo; mas não me contradigo em nada, não retiro uma letra da minha velha afirmação sobre as coisas tal como as descrevo. Pelo contrário: se eu não tivesse tido essa concepção sólida e positiva da vida – o que teria sido de mim naquelas semanas, mesmo naqueles meses no campo de concentração? No entanto, agora vejo as coisas a partir de outra dimensão. Estou cada vez mais ciente de que a vida tem um significado infinito, que mesmo no sofrimento e até no fracasso ainda deve haver um sentido. E o único consolo que me resta está em que posso dizer com a consciência tranquila que aproveitei as oportunidades

---

(1) Em especial, Bruno Pittermann (1905-1983), que apoiou Viktor Frankl após seu retorno a Viena. Pittermann foi, de 1945 a 1971, deputado socialista no Conselho Nacional, o parlamento austríaco, e vice-chanceler de Bruno Kreisky entre os anos de 1957 e 1966. Frankl e Pittermann se conheceram na década de 1920, ambos sendo membros da Associação Socialista de Estudantes do Ensino Médio.

(2) Hubert Gsur, companheiro de escalada antes e durante a guerra, bem como um dos mais próximos amigos de Viktor Frankl, era ativo na resistência em Viena. Em dezembro de 1944, acusado de alta traição e subversão das forças armadas, foi preso e executado na guilhotina. Viktor e Eleonore Frankl permaneceram em contato amistoso com a viúva de Hubert Gsur ao longo de suas vidas.

que me foram oferecidas, quer dizer, que as resguardei ao torná-las realidade. E isso é verdade em relação ao meu curto casamento com Tilly. O que experimentamos não pode ser desfeito, já foi, mas esta experiência é talvez a maneira mais segura de ser.

Finalmente, algumas boas notícias: Vally vive, está em Viena e bem de saúde, sobreviveu escondido como um «submarino» (ilegalmente!). Deixo-vos a tarefa de contar a verdade na dose adequada a Stella e ao meu sogro, bem como ao meu cunhado, Gustav D. Grosser. É muito provável, infelizmente, que Walter também tenha passado por Auschwitz. Perdoai-me meus rabiscos algo incoerentes, mas tenho de escrever por etapas, durante as consultas. Saúdo-vos calorosamente!

Vosso Viktor

A Rudolf Stenger[3], Bad Wörishofen
30 de outubro de 1945

Querido Rudi!
Recebi bem tuas cartas. Também venho tentando sem parar fazer-te chegar as minhas – ao que parece, em vão. Depois de receber ontem a cópia da tua carta, sonhei esta noite que estávamos juntos. Alegrávamo-nos muito com o nosso reencontro, e orgulhosamente entregava-te um exemplar de *Ärztliche Seelsorge*. Mas eu tremia enquanto esperava que começasses a folheá-lo, que abrisses na segunda página e encontrasses as três palavras: «À memória de Tilly».

Na minha primeira manhã em Viena, soube que Tilly havia morrido de tifo em Belsen. Até agora não fui capaz de descobrir se ela se encontrava entre os treze mil cadáveres achados pelos ingleses durante a libertação, ou se era uma das treze mil pessoas que vieram a morrer nas primeiras semanas seguintes. Quando recebi esta notícia, peguei mentalmente na tua mão. Se há alguém a quem não preciso dizer em que estado eu me encontrava naquele momento

---

(3) Rudolf Stenger, médico no Hospital para Pessoas Deslocadas de Bad Wörishofen.

e durante todo esse tempo, és tu. Em todo caso, não esperava que, depois de tudo o que me aconteceu, pudesse ir ainda mais longe, mais fundo, mais para baixo. Aparentemente, a pessoa destinada a sofrer não encontra o chão: pode sempre afundar-se ainda mais.

De imediato, lancei-me ao trabalho. Meu melhor amigo, Hubert Gsur, foi decapitado em dezembro de 1944. Sua esposa, todavia, voltou dos campos de concentração. Naturalmente, a cópia do manuscrito de meu livro, que estava guardado com eles, foi encontrada e confiscada pela Gestapo. Mas a segunda cópia, conservada por um colega de quem ele era amigo, apareceu. É preciso agora, com árduo trabalho, conclui-lo.

Nada me causa alegria. Tudo perdeu peso e importância. No fundo, não tenho casa, nem tenho pátria, não consigo criar raízes. E tudo está tão destruído e fantasmagórico, tão carregado de memórias tristes ou doces, todas sobremaneira dolorosas... Podes entender-me – provavelmente tudo isso soa muito banal. Acho que já não vou viver muito mais tempo. Não que eu temesse ou desejasse a morte. Só tenho o sentimento de que não tenho nada para procurar; foi-me concedida a graça de escrever o essencial do que eu tinha a dizer. Todo o resto me parece arrogância. Nunca fui digno da Tilly, já sabia disso; agora sei mais: o mundo tampouco era digno dela. As palavras falham perante a tristeza. Nunca pensei que um homem pudesse estar tão só e sozinho sem simplesmente ter de morrer. E eu nunca pensei que morrer pudesse ser tão fácil.

E, por fim, a plenitude do sofrimento pareceu-me ser, de alguma maneira, uma distinção, uma proximidade a algo superior. Eu pego a Bíblia e leio um pouco de Jó. Ou, como fiz no caminhão vindo de Munique, com um mau pressentimento, folheio os salmos e leio: «Espera no Senhor. Anima-te. Espera, pois, no Senhor, ó minha alma». Tilly não estava à minha espera.

É simplesmente ruim que se tome consciência da insondabilidade do sofrimento: no campo de concentração, pensava-se que se tinha atingido o ponto mais baixo; mas isso só ocorria quando se regressava «livre» para «casa». Verdadeiramente livre – demasiado livre. Rudi, estou à espera de uma palavra tua. Estendo-te a mão e sinto como tu a apertas. Por favor, não te esqueças de mim,

Rudi. Tornei-me muito pobre, muito pobre. Preciso de ti. Promete ser paciente comigo. Prometo a ti, como ao falecido Hubert, fazer um esforço para ser digno de tua amizade.

Viktor

A Gustav e Ferdinand Grosser[4]
6 de novembro de 1945

Querido Gustl!, querido Ferdl!
(Posso chamar-vos assim?) – Não me consigo conter: vós sois como parte de minha família; vós, Grosser, que nunca vi antes – devido àqueles que nunca voltarei a ver...

Só posso dirigir-me a vós diretamente esta primeira carta porque sei de uma coisa: se há alguém que tem o direito de vir com uma verdade tão triste, sou eu. Porque para ninguém pode ser tal verdade mais triste do que para mim. Para mim, o sofrimento fez-se infinito. O que eu passei nos campos de concentração só pode ser compreendido por quem vivenciou a mesma situação. Do mesmo modo: que apenas o olhar para o futuro, para um reencontro com a minha mãe e a minha mulher, manteve-me de pé. E então chegou o dia em que, estando eu em Munique, descobri que minha pobre mãe (logo depois de mim, ou melhor, de Tilly) também havia sido enviada para Auschwitz. O que isso significa – para uma mulher de 65 anos – é, infelizmente, bem claro. E depois chegou o dia, em Viena, em que me contaram o que acontecera com a Tilly...

Vós quereis e deveis saber toda a verdade: mamãe chegou a Auschwitz no final da primavera de 1944 (ninguém em Theresienstadt sabia que os trens iam para lá!); podeis imaginar tudo o que fiz até o

---

(4) Gustav e Ferdinand Grosser: irmão e pai da primeira esposa de Frankl, Tilly (Mathilde) Grosser (falecida em 1945 em Bergen-Belsen). Ferdinand e Gustav Grosser puderam emigrar para Porto Alegre (Brasil). Tilly e sua mãe, Emma Grosser (falecida em 1944 em Auschwitz), foram deportadas para Theresienstadt juntamente com a família Frankl em 1942.

último momento a fim de tentar evitar esse infortúnio. Em vão. Em Auschwitz, só recentemente soube, as pessoas transportadas permaneceram com vida até o início de agosto. Em seguida, eles selecionaram apenas algumas jovens fortes e as transferiram – as restantes foram depois mortas em Auschwitz.

Em Auschwitz, ainda pude ver e falar com Tilly. Gritei a ela: «Custe o que custar, tenhas uma coisa em mente: Mantém-te viva!». – No mesmo dia de sua chegada, ela foi levada ao campo de Kurzbach, perto de Breslau, para o trabalho de trincheira. Em janeiro de 1945, marcharam para o oeste a pé, e então se lhes perde a destinação. Apesar de todos os esforços, ainda não consegui descobrir quando ela veio para Belsen e quando lá morreu. Mas encontrei uma carta, na qual uma antiga colega de hospital escreve a respeito dela: que estaria gravemente doente e teria sofrido «coisas terríveis, indescritíveis»; ela é a única sobrevivente entre as enfermeiras do Hospital Rothschild – todas as outras morreram de tifo. E há então uma lista de nomes – entre eles o de «Tilly Frankl».

Uma retornada me descreveu essas «coisas indescritíveis». Deixai-me guardar o meu silêncio sobre isso. Eu, para quem o mais elevado que se conhece na vida foi funestamente levado a ligar-se com o que de mais baixo o mundo um dia viu.

Deus é testemunha de que fiz, nos meus primeiros dias no campo de concentração de Dachau-Kaufering, um pacto com os céus: quando percebi que, segundo uma previsão humana, não havia a menor possibilidade de escapar dali com vida, pedi ao Senhor Deus que aceitasse minha vida pela de Tilly. Mas o que eu teria de suportar até o meu fim deveria servir para garantir que minha mãe, que tinha um problema cardíaco, tivesse uma morte indolor.

Somente sob o aspecto desse sacrifício eu poderia suportar meu sofrimento. O pacto não foi aceito. Mas eu não quero discutir. Não devo. Pois Tilly significou para mim uma felicidade tão perfeita em um casamento tão breve que devo ser humilde. Quantas pessoas já conheceram uma felicidade verdadeiramente perfeita, mesmo que apenas por um dia?

Que meu coração está pesado, no entanto... quem me pode levar a mal? Oito de nós partimos – eu sou o único que voltou vivo. Porque provavelmente meu irmão e sua mulher também foram enviados para Auschwitz a partir da Itália, onde se encontravam internados como civis.

Além de mim, apenas minha irmã (Stella Bondy) ainda está viva, na Austrália. E eu me encontro aqui, curvado, nesta Viena meio destruída, sozinho e solitário, sem casa e sem pátria. Nada faz sentido para mim, nada me pode fazer feliz, nem mesmo o trabalho. Por muito que tente entorpecer-me com ele. Acabei de concluir a escrita de meu livro. O título: *Ärztliche Seelsorge*. E a dedicatória: «À memória de Tilly». A propósito, há um capítulo acerca da psicologia do campo de concentração, tema sobre o qual também dou palestras. Nesse ínterim, sou novamente – como antes, por 10 anos – professor na Universidade Popular. Deus deu-me a graça de poder finalmente escrever o livro (o primeiro manuscrito foi perdido em Auschwitz; o segundo comecei a reconstruir durante as noites sem dormir, no campo, doente de tifo) e assim dizer ao mundo o que tenho para dizer-lhe. Mas eu faço tudo por um senso de dever, sem a menor alegria. Acredito que morrerei em breve – não tenho medo nem desejo isso, mas não sei o que mais procurar aqui na terra, e nunca teria pensado que morrer pudesse ser tão fácil para alguém. Não tenho mais nada a perder. Já tive mais do que meu quinhão. Sempre disse com toda a seriedade: não sou digno de Tilly. Bem, aparentemente o mundo inteiro não era digno de que uma pessoa como ela nele existisse.

Não há consolo. Tudo o que me resta fazer é folhear a Bíblia de vez em quando. Mas mesmo quando já não estás desesperado, o abismo do luto e da aflição nunca se fecha. Quem me vai ajudar quando eu sair das minhas quatro paredes e me perder em Nußdorf, passar pela casa onde Tilly nasceu ou perambular pelo *Beethovengang*, onde fiz o meu primeiro passeio com ela no início da primavera, e começar a chorar como um colegial?

Não consigo imaginar o meu futuro sem ela. Por causa dela estudei português diligentemente durante anos, como autodidata; porque eu teria ido ao Brasil por ela, e achava que Ferdl poderia arranjar-me uma cátedra de psicoterapia.

Cada carta de Gustl lembra-me a maneira como Tilly expressava seus pensamentos; lembrar-me-ei dela ainda mais por meio de vós? Não penso nela de hora em hora e sonho à noite com ela? E, ainda assim, sinto saudade de vós – não sei se podeis entender isso. Saudade do sangue e espírito e carne dos quais Tilly também foi feita. Tenho a firme intenção de, assim que for possível, sair daqui e visitar a minha irmã na Austrália, os meus amigos na América do Norte e a vós na América do Sul. De algum modo, acho que isso é possível – eventualmente, mediante a organização de palestras (falo bem inglês), para que as despesas de viagem sejam cobertas e eu não sobrecarregue ninguém. Por favor, peço-vos que mantenhais contato com Wilhelm Börner, que está nos EUA, e com minha irmã.

Um abraço de vosso infeliz Viktor.

Poemas
1945-1946

Pesais tanto sobre mim, meus mortos:
Estais ao meu redor como uma obrigação silenciosa
de existir por vós;
tenho então agora a ordem
de remir o que vos deve a destruição.
O que mais haveríeis de sofrer, devo sofrer agora
e desfrutar de vosso prazer rompido
e decidir vossas ações ainda não nascidas
e beber por vós o sol todas as manhãs
e todas as noites por vós olhar o céu[.]
E acenar para as estrelas
e erigir escadas todos os dias. (dos meus dias...)
E escutar para vós o canto dos violinos
e por vós desejar cada beijo...
Até eu descobrir que em cada brilho
do sol luta vosso olhar para expressar-se[.]

O QUE MAIS HAVERÍEIS DE SOFRER, DEVO SOFRER AGORA

Até eu reparar que, em cada flor
da árvore, há um morto que me acena.
Até eu perceber que prestais a cada pássaro
vossa voz para seu chilreio:
é que ele quer (ou quereis vós) saudar-me ou - talvez
dizer,
que me perdoa por continuar a viver?
Viktor

Sem data

Ainda que eu não veja mais teus olhos,
tu, invisível e inaudível, estás lá:
estás ao redor de mim como uma obrigação silenciosa!
Por isso não acredito na aniquilação do teu ser
e quero continuar a pertencer a ti.
...minha vida é uma única promessa solene de lealdade.

30 de outubro de 1945

Como eu ainda estava à espera
de minha primavera,
em cada março
doía-me o coração –
a impaciência perguntava: Quando é que ela
vem finalmente para mim?
Agora, porém, que estou mais sereno,
agora que me sinto mais abandonado,
– Eu sorrio para as primaveras,
sei que nenhuma só floresce para mim.
Há uma que floresça de novo? Uma que se desvaneça?
– Para si mesma.

31 de março de 1946

A Stella Bondy[5]
17 de novembro de 1945

Minha querida Stella!
Posso enfim escrever-te diretamente. Infelizmente, apenas as coisas mais tristes. Os Börner decerto já te contaram a respeito de nossa família. Papai morreu nos meus braços em Theresienstadt no dia 13 de fevereiro de 1943. Em seus últimos dias, fiz com que acreditasse que a guerra iria acabar em breve e que logo estaríamos convosco, que havias escrito e enviado uma foto de Peterl[6] e que se parecia muito com ele. Ele acreditava em tudo. Eu mesmo lhe injetei morfina, para que não tivesse de lutar contra a morte em seus últimos instantes. Ferda[7] proferiu um discurso junto ao féretro. Pouco antes de morrer, papai não deixou de ser amoroso com mamãe, que ficou profundamente comovida, mas sempre muito corajosa. Eu era então tudo para ela, a única coisa que possuía, e procurei, na medida de minhas possibilidades, tornar mais agradáveis seus últimos anos.

Até eu vir para Auschwitz, em outubro de 1944. Apesar da minha proibição, Tilly voluntariou-se pelas minhas costas e, infelizmente, foi a única que conseguiu a licença de trabalho (pensávamos que iria para uma fábrica de armamentos). Em Auschwitz, fomos dos poucos que escaparam da câmara de gás. Ela foi enviada para um campo em Kurzbach, perto de Breslau, para o trabalho de entrincheiramento. Em seguida, para Belsen, onde morreu de tifo. Só soube disso em agosto, quando vim de Munique para Viena.

Em Munique, tomei conhecimento de que muito provavelmente mamãe não está mais viva. E de Walter e de Elsa não há também nenhum sinal de vida. Não podes imaginar meu estado de espírito. Mas pelo menos tenho a consciência de ter cumpri-

---

(5) Stella, irmã de Viktor Frankl, casada com Walter Bondy. Stella e Walter Bondy conseguiram fugir para a Austrália em 1939. Ela foi o único parente direto de Viktor Frankl a sobreviver.

(6) Filho de Stella e Walter Bondy.

(7) Robert Ferda (1889-1944), rabino tcheco.

do meu dever até o fim. Pouco antes de sua morte, papai disse-me: «Tens meu *J' worech'cho*...⁸».

O que passei e presenciei nos diversos campos de concentração é difícil de descrever e só pode ser compreendido por alguém que sofreu o mesmo. A única coisa que me manteve vivo era a esperança de voltar a ver a mamãe e a Tilly. Quando percebi que era improvável que escapasse de lá vivo, eu – e Deus é minha testemunha! – ofereci minha vida ao céu pela delas. A oferta não foi aceita...

Vivo exclusivamente para o trabalho. Comecei a reescrever meu manuscrito *Ärztliche Seelsorge*, que me havia sido confiscado em Auschwitz com todo o resto de minhas coisas (exceto os meus óculos), enquanto ainda estava no campo de concentração, durante a noite, acossado pela febre do tifo. Os milhares de milagres de Deus, que me fizeram um dos poucos sobreviventes entre meus camaradas, deram-me a graça de poder completar agora o livro, que também submeti como tese para minha qualificação à docência. Não há alegria para mim. Também já quase não tenho amigos.

Hubert Gsur, o marido de Erna Rappaport, foi decapitado em dezembro no Tribunal do Estado. Erna regressou do infame campo de concentração de Ravensbrück. Dr. Polak⁹ está aqui. Viena tem um aspecto terrível, especialmente Leopoldstadt. Nossa casa também está destelhada. Consegui um apartamento na Mariannengasse 1 (Viena IX). Ainda não sei se vou ficar em Viena. De todo modo, gostaria de me juntar a vós um dia, talvez por meio de uma turnê de palestras pelos Estados Unidos e Brasil (meu sogro, o professor Ferdinand Grosser, de Porto Alegre – escreve para ele! –, teve a gentileza de me convidar; como marido de Tilly, eu pertenço à sua família, diz o pobre homem, cuja filha morreu e a esposa foi gaseada).

Em todo o caso, estou com grande saudade de ti e de todos os teus entes queridos. Como vão todos? Que Deus ao menos

---

(8) Também «*Yevarechacha*» (em hebraico): «Que D'us te abençoe».
(9) Paul Polak, neurologista e psiquiatra. Já antes da guerra, um dos primeiros e mais antigos amigos e companheiros de Viktor e Eleonore Frankl; sobreviveu, como "meio--judeu", ao domínio nacional-socialista em Viena. Autor dos primeiros textos científicos secundários sobre logoterapia e análise existencial.

vos abençoe. Escreve-me em breve e, se possível, envia-me pacotes. Guarda-me em teu coração e não te esqueças de mim. Fiquei muito pobre.
Viki

A Stepha e Wilhelm Börner
19 de dezembro de 1945

Querida Stepha, querido Wilhelm!
Vossa carta de 22 de novembro está em minhas mãos há vários dias. Após alguns desvios, encontrei a senhora conselheira Fuchs em uma residência da Caritas. Ela está muito tranquila e ainda espera notícias de suas filhas, que também foram enviadas para Auschwitz na época. Dei-lhe esperança... Conheci bem uma das filhas, Liselotte, em Theresienstadt, pois ela trabalhava como assistente social no Departamento de Higiene Mental (disfarçada pela SS sob o nome de «cuidados aos doentes») que eu dirigia.
Ela ofereceu-se como voluntária. Se há santos, e se há alguém entre os que alguma vez conheci que merece esse nome, essa pessoa é Liselotte Fuchs. Aprendi muito com ela. Também dava palestras em um grupo católico e, certa vez, às assistentes sociais que eu tinha sob minha responsabilidade. Foi a coisa mais bela que se pode imaginar a esse respeito! Fazia-o de maneira clara e simples – como a sua natureza – e, no entanto, com uma profundidade humana e uma riqueza filosófica e religiosa das quais ela própria não fazia ideia, mas que dificilmente podem ser superadas. Em suma, uma pessoa esplêndida, única em tudo! Seu olhar, a maneira de falar, de caminhar – tudo isso impressionava de imediato, e sentia-se: «*Ecce homo!*» – Eis o homem! E ao mesmo tempo era a pessoa mais modesta que se pode imaginar. Enfim, com isso sempre se confirma o mesmo – aquilo que, por exemplo, faz meu sofrimento pessoal passar a um segundo plano: os melhores não regressaram... Agradeço-vos as amáveis palavras que tão despretensiosamente escrevestes sobre a minha pobre Tilly.
Anteontem foi nosso quarto aniversário de casamento. Quanto a mim, meu livro *Ärztliche Seelsorge* será provavelmente publicado

em breve; o maior entrave à publicação é a escassez de papel. Só depois é que poderei exercer a docência. Talvez consiga a direção do Departamento de Neurologia na Policlínica – eles estão tentando... De minha parte, não me esforço para obtê-la – não tenho mais ambições, estou deveras esgotado.

A despeito disso, acabei de concluir um segundo livro, menor: *Um psicólogo no campo de concentração*[10]. Gostaria sobretudo que fosse publicado no exterior – aceitaríeis uma cópia do manuscrito, a fim de levá-la a um editor? Por fim, ocorre-me: no dia 10 de janeiro de 1946, às 19h15, falarei na Rádio Viena (Ravag) – talvez Stella me possa ouvir?

Vosso Frankl

A Stella Bondy
24 de janeiro de 1946

Amada irmã!

Uma carta tua finalmente chegou às minhas mãos. Só posso dizer: «... *schechejonu*...[11]».

Meus sinceros agradecimentos a ti e ao Walter[12] pela permissão[13], cuja cópia tenho agora; estou ciente da correria e dos outros sacrifícios que isso acarretou, bem como do quanto considerastes imediatamente o assunto e vos empenhastes.

É minha firme intenção, e era já antes de receber a permissão de entrada, ir ter convosco. Mas não pensei em demorar-me muito, uma vez que não me poderíeis ter. [...] Antes pelo contrário, pretendo, logo que as condições de tráfego o permitam, primeiro fazer

---

(10) Título original do livro *Em busca de sentido*.
(11) Também «*Sheheyanu*» (do hebraico). O significado desta bênção é: «Bendito sejas, eterno nosso D'us, rei do universo, que nos concedeu vida, nos sustentou e nos permitiu chegar a este momento».
(12) Marido de Stella Bondy.
(13) Trata-se da autorização de entrada na Austrália que Stella e Walter Bondy obtiveram para Viktor Frankl.

uma peregrinação – estou pensando em uma viagem de palestras pelos EUA, e também pelo Brasil (meu sogro, Ferdinand Grosser, de Porto Alegre, que ainda não conheço pessoalmente, convidou-me em carta extremamente cordial; ademais, tenciona conseguir uma cátedra para mim) – e, por fim, visitar-vos.

Em breve serão publicados dois livros meus, um mais longo sobre psicoterapia (*Ärztliche Seelsorge*, pela editora Deuticke) e um mais curto (*Um psicólogo no campo de concentração*). Este último, por ser muito pessoal, será publicado na Áustria apenas sob o meu número de prisioneiro. O primeiro livro, por sua vez, servirá também como tese de habilitação para obtenção de cátedra. A propósito, dentro de alguns dias serei nomeado pelo prefeito (General Körner) para a direção do Departamento de Neurologia da Policlínica. [...]

Semana passada estive em uma estação de rádio, na qual falei sobre o suicídio. Segundo se diz, a minha voz no microfone é sobremaneira expressiva. Recebi inúmeras correspondências entusiasmadas de estranhos, de alas inteiras de hospitais para doentes terminais etc. Desde que voltei a Viena, é a primeira vez que me sinto realmente feliz!

Penso que meus livros me abrirão caminhos, a fim de que eu possa dar palestras etc. no exterior; portanto, se eu conseguir fazer essas turnês, não serei um fardo financeiro para todos vós, meus queridos. E talvez eu tropece algures em uma cátedra – ao passo que, aqui, o *Roschegeist*[14], que não está de modo algum extinto (especialmente na Universidade), iria antes contrariar os meus projetos. Eu falo inglês bastante bem.

A propósito, estou anexando uma entrevista que apareceu aqui recentemente. [...] Como vês, tenho todo tipo de novidades. Só tu me fazes passar fome com as tuas. Por que não me escreves sobre a família do Walter, seus pais e irmãs, o que gostam de fazer etc.? Como não estou em estado de gravidez, podes escrever-me qualquer coisa. No entanto, escrevi-te igualmente tudo o que sei de forma positiva. [...] Com isso quero encerrar por ora. Espero que

---

(14) O termo refere-se a alguém que tem prazer em atormentar os judeus, não lhes permitindo descansar mesmo durante o sabá. É usado aqui no sentido de antissemitismo.

agora possamos escrever um ao outro regularmente, como «aquela vez em maio»[15], ou seja, todas as semanas. Seria ótimo. [...] Querida Stellinha, se soubesses quantas vezes sonhei contigo em todos esses anos! E agora o Senhor Deus dispôs para que haja esperança de que eu possa abraçar-te em um futuro próximo! E – o que constitui a verdadeira graça – com a consciência tranquila de que, dentro de minhas forças humanas e modestas, consegui por alguns anos ser um apoio e um pouco de alegria para nossos pais. Portanto, não fiques triste, irmãzinha querida, mas lembra-te de como foram corajosos nossos amorosos pais, até ao fim, e mais ainda no fim, e esforça-te por fazer o mesmo, ou seja: pensa nos teus filhos!!!

Quando, se Deus quiser, um dia eu contar a ti em pormenor, verbal e pessoalmente, quantas pequenas alegrias lhes foram concedidas até o último momento, então verás como estou certo quando digo que não precisas afligir-te desnecessariamente. Sua bênção recai sobre ti e teus filhos, e esta bênção parental tornar-te-á forte e feliz. Amém.

Beijo-te e saúdo todos os teus, também Peter e – com antecedência – teu segundo filhinho.

Teu irmão

PS: E: se tiverdes alguém que possa traduzir meu livro *Um psicólogo no campo de concentração* para o inglês e publicá-lo ali, acossai-o então para mim.

A Stella Bondy
Primavera, 1946

Crianças adoradas, valorosos sobrinhos!

Na verdade, sinto-me culpado – por não vos ter escrito durante tanto tempo. Mas, antes de mais nada, tive realmente pouco tem-

---

(15) *Wie einst im Mai* («Como aquela vez em maio») é uma conhecida opereta do compositor alemão Walter Kollo (1878-1940). (N. do T.)

po – a uma carta para vós quero dedicar um tempo decente – e, ademais, fiquei sempre à espera de notícias mais definitivas para vos poder comunicar. [...] No dia em que Stellinha me escreveu sua carta, 27 de abril, eu estava celebrando o aniversário de minha libertação do campo de concentração de Türkheim, que se situava na Baviera. Em memória de meu piedoso pai, jejuei desde a noite anterior até a tarde, e pela manhã – era sábado – fui ao templo, recentemente restaurado, li a Torá, recitei o *Gaumel benschen*[16] e doei cem xelins para o KZ-Verband[17].

Por sinal, eu ganho o suficiente, não é preciso que vos preocupeis. [...] Meu livro *Ärztliche Seelsorge* faz um sucesso bombástico; a primeira edição esgotou-se em poucos dias, e uma segunda (com mais exemplares que a primeira) foi enviada à gráfica antes mesmo que a primeira chegasse às vitrines; provas de paquê foram imediatamente enviadas a Paris pelo governo militar francês a fim de serem traduzidas, e de acordo com os críticos mais sérios o livro é a mais importante das obras recém-publicadas na nova Áustria; a Igreja Católica também já tomou posição oficial: a pedido da Arquidiocese, a pessoa mais qualificada, um médico que é ao mesmo tempo professor de medicina pastoral na Faculdade de Teologia, escreveu vinte e três páginas datilografadas para o anuário da Academia Católica, nas quais, com toda a seriedade, apresenta o meu livro como o ápice do desenvolvimento da psicoterapia e afirma que o que digo sobre o sentido do sofrimento cabe ao que de melhor se disse sobre o assunto do ponto de vista da filosofia cristã. Toda a gente se esforça por obter um exemplar da primeira edição, uma vez que a segunda só sairá dentro de alguns dias.

Obviamente, também sou atacado, mas: «muito inimigos, muita honra». Uns dias atrás eu estava passeando pela Universitätsstraße e, como tinha alguns minutos de sobra, entrei – pela primeira vez

---

(16) Também «*Gomel benschen*». É uma bênção que, após a leitura da Torá, recita quem escapou de uma situação perigosa ou se recuperou de uma doença grave.

(17) Associação Austríaca dos Antifascistas, Combatentes da Resistência e Vítimas do Fascismo. Fundada em 1945 logo após a libertação da Áustria. (N. do T.)

em meus 41 anos de vida – na Votivkirche[18], onde ouvi que alguém tocava órgão. Mas já então o *galloch*[19] se encontrava no púlpito e começou a pregar sobre o fato de ali ao lado, na Berggasse, haver morado Freud, cujos ensinamentos a Igreja não podia aprovar. Estava prestes a partir, e de repente não pude acreditar nos meus ouvidos, porque ele começou a dizer: Mas também na Mariannengasse vive um médico-diretor de nome Frankl, que escreveu um livro sobre a cura médica das almas; ele tem boas intenções, mas é um livro pagão, porque não se pode falar sobre o sentido da vida sem falar de Deus (como se eu, por ser médico, tivesse o direito ou mesmo a obrigação de o fazer!) etc.

Quando eu então me aproximei dele e me apresentei, pensei que fosse sofrer um ataque. O que dizeis desse «acaso»? Entrar inesperadamente em uma igreja pela primeira vez em 41 anos justo no momento em que alguém está pregando sobre mim! Dentro de poucos dias terei publicado meu segundo livro, *Um psicólogo no campo de concentração*. O terceiro já foi escrito. Um quarto será redigido por uma série de pessoas afamadas de várias disciplinas e discorrerá sobre a (minha) análise existencial. É provável que seja em breve convidado para ministrar uma palestra na Universidade de Zurique. O filósofo francês Sartre agradeceu-me pelo meu livro e pretende vir a Viena no outono – usaram-me como anzol para iscá-lo. [...] Os ingressos para minha palestra no Musikverein esgotaram-se rapidamente. Tive de repeti-la, e o auditório voltou a encher-se. As pessoas disputam meus artigos. Enviar-vos-ei novamente alguns junto com o segundo livro.

Leo Korten mandou-me um pacote com comida e um pulôver de tricô da parte de vós. [...] Os Horeckis[20] me escreveram do Mé-

---

(18) A Votivkirche, localizada na Ringstraße em Viena, é uma das estruturas neogóticas mais importantes do mundo; segunda construção mais alta da cidade, perde apenas para a Catedral de Santo Estêvão. Depois da frustrada tentativa de assassinato do imperador Francisco José em 1853, o arquiduque Maximiliano, seu irmão, inaugurou uma campanha para criar uma igreja como agradecimento a Deus por salvar a vida do imperador. Daí o nome «Igreja Votiva». (N. do T.)

(19) Também «*gallach*» (iídiche): pregador, pároco, pastor.

(20) A prima de Viktor Frankl e seu marido, que haviam emigrado para o México.

xico e, ao que parece, também me enviaram um pacote. Não vos preocupeis – é claro que posso precisar de algo, mas pelo menos recebo comida do hospital judeu (Malzgasse), onde ainda trabalho (mas raras vezes lá vou), e a comida é muito boa; além disso, há os pacotes que (como ex-detento dos campos de concentração) ganho da Cruz Vermelha americana a cada 14 dias. [...]

Por outro lado, também não tenho preocupações, e meu estado de espírito desde há algumas semanas não é mais tão soturno, uma vez que comecei a sair com uma garota (não apenas «para falar»; mas também para «sair») que me ama por completo e que é uma pessoa extraordinariamente esplêndida; é assistente técnica do Departamento de Odontologia da Policlínica, e além de capaz é bonita. À primeira vista, sua maneira de falar lembrou-me de vossa Milla[21], seu jeito de ser, mais de Tilly; só possui um grande defeito: tem apenas 20 anos de idade[22].

Ela não se importa que eu não lhe faça promessas ou dê esperanças. Ademais, tenho um bom amigo há alguns meses: um jornalista muito inteligente, que me considera um gênio, algo que ele mesmo é[23]. Estou sempre com Erna Rappaport-Gsur e o Dr. Polak. A tia Mizzi[24] visita-me com frequência [...]. Ela é absolutamente digna de confiança e tem se comportado de forma magnífica com todos nós desde a época de Hitler; arriscou-se a enviar pacotes para Theresienstadt etc. Sempre que posso, apoio-a um pouco com mantimentos.

Tenhais paciência comigo. Quando essa ascensão repentina que estou vivenciando alcançar um possível clímax, então, se Deus quiser, receberei convites e nomeações, e não terei de ir como refugiado. Quero ser para vós um *kowed*[25], e não motivo de desonra. Que Deus me ajude. A docência aqui ainda não passa de uma promessa, o que não é surpreendente, considerando o

---

(21) Irmã de Walter Bondy, médica em Paris.
(22) Ele se refere a Eleonore Katharina Schwindt, com quem se casou em 1947.
(23) Provavelmente Hans Weigel, escritor e crítico de teatro austríaco. (N. do T.)
(24) Maria Lion, viúva de Erwin Lion, tio de Viktor Frankl (por parte de mãe).
(25) Honra.

antissemitismo que ainda reina, sobretudo nos círculos universitários. Quando, com a ajuda de Deus, eu estiver preparado e me tiver sido concedida a graça de continuar minha carreira, provavelmente sentirei falta da Universidade de Viena por sua glória, mas ela não pela minha – como alguém disse de outrem. Porque, graças a Deus, já fiz para mim um pequeno «nome», ao menos um nome que não precisa mais ser adornado com um diploma acadêmico.

[A carta se conserva incompleta no arquivo.]

A Rudolf Stenger
10 de maio de 1946

Querido Rudi!
Recebi tua carta. Também tenho tentado repetidas vezes fazer-te chegar minha correspondência – ao que parece, em vão. Por fim, enviei-te, por intermédio de um oficial americano, um dos primeiros exemplares de meu livro, que foi publicado no início de abril: já o recebeste?

Eu o submeti como tese de habilitação ao decanato de medicina da Universidade de Viena. Agora, pergunto-me se conseguirá preponderar sobre o antissemitismo que continua a reinar na *alma mater* local – questão, contudo, que me interessa muito pouco. «Quanto» de ambição ainda existe em mim, podes facilmente imaginar...

Foi a editora médica Franz Deuticke de Viena que finalmente assumiu a publicação do livro. E não se arrependeu. Foi um grande sucesso, para além de todas as expectativas (ao menos da minha parte). A primeira edição ainda não estava exposta nas vitrines das livrarias quando uma segunda – ainda maior – teve de ser impressa. Sobretudo os círculos, as revistas e os jornais católicos mostram bastante entusiasmo. Uma declaração oficial acaba de ser emitida pelo clero, e nela minha análise existencial é apresentada, com toda a seriedade, como o ponto culminante do desenvolvimento da psicoterapia. Afirma-se nada menos, por exemplo, que muitas coisas em meu livro podem ser comparadas ao que de melhor a *philoso-*

phia crucis cristã disse sobre o tema do sofrimento. Outros críticos das mais importantes revistas austríacas consideram o livro o mais essencial de todas as publicações recentes no mercado editorial vienense. Por parte da ocupação francesa, provas de paquê foram já enviadas a Paris, a fim de que se faça a tradução do livro para o francês. Entre outros, Erich Kästner, em Munique, e amigos em Londres e na América receberam o livro. Graças a algumas palestras em lugares diversos e a comentários breves e inocentes sobre peças modernas de teatro, tornei-me famoso da noite para o dia. As pessoas discutem por causa de meus ensaios e palestras. Tornar-me-ei o psicoterapeuta do mundo artístico vienense. Uma palestra no Musikvereinssaal teve seus ingressos esgotados – e também para uma reapresentação anteontem. Se isso tudo me alegra? Dá a ti mesmo a resposta. Mas acredita: a questão crucial para mim é por que eu fui o único de todos os meus amigos vienenses que sobreviveu – teve que sobreviver – a Auschwitz, Kaufering e Türkheim...

Logo após concluir o manuscrito do primeiro livro, escrevi um segundo, menor. Sua publicação, dentro de algumas semanas, já desperta grandes expectativas. É o primeiro volume de uma série intitulada «Documentos Austríacos sobre História Contemporânea». Tem o título *Um psicólogo no campo de concentração*. É um livro bem pessoal. E já há um terceiro manuscrito: três palestras que dei na Volkshochschule de Viena sobre o sentido da vida, incluindo a questão da eutanásia, e sobre a psicologia dos campos de concentração.

Um homem[26] com quem eu estivera ligado por uma amizade superficial e que, quando cheguei a Viena, era secretário de um ministro conseguiu-me um [...] apartamento num piscar de olhos. Além disso, começou mais tarde a encorajar-me a tentar um cargo muito valorizado, qual seja: a direção da Policlínica Municipal de Neurologia. Em fevereiro, obtive-o. Havia apenas uma coisa que me doía: a melancolia de pensar o quanto eu gostaria de ter-te feito meu assistente. A propósito, espero receber em breve um convite para ministrar umas palestras na Universidade de Zurique.

---

(26) Bruno Pittermann.

O QUE MAIS HAVERÍEIS DE SOFRER, DEVO SOFRER AGORA

Querido amigo! É muito importante para mim que tu saibas como eu estava – e como estou agora. Tenho de agradecer ao bom Deus que exista certa diferença entre um (antes) e um outro (agora). Posso dizer-te hoje – em geral, já há alguns dias – como eu «estava» porque recentemente as coisas «estão» diferentes à minha volta; decerto adivinharás o que quero dizer. De todo modo, informar-te-ei a respeito com mais detalhes. No momento, não há nada definitivo. Mas para que saibas como eu sentia-me até muito recentemente, transcrevo-o agora de uma carta que te escrevi no dia 30 de outubro passado.

Lá está escrito:

Nada me traz alegria. Tudo perdeu sua importância. Estou praticamente sem casa, sem pátria, não consigo mais fincar raízes. E tudo está tão destruído e fantasmagórico, carregado de tristeza ou memórias doces, e depois ainda mais dolorosas. Podes compreender-me – provavelmente tudo isso soa muito banal. Acho que não vou viver por muito mais tempo. Não que eu temesse ou desejasse a morte. Só tenho a sensação de que não tenho mais o que procurar; a graça de ainda escrever o essencial do que tinha a dizer foi-me concedida. Todo o resto parece ter sido pura arrogância. Nunca fui digno da Tilly, eu bem o sabia; agora sei mais: tampouco o mundo era digno dela. As palavras falham ante a tristeza. Nunca pensei que uma pessoa pudesse estar tão só e sozinho sem simplesmente ter de morrer. E eu nunca pensei que morrer pudesse ser tão fácil. [...]

Um simples cálculo de probabilidade demostra: aos 36 encontrei uma Tilly; aos 72 terei outra chance. É claro que estou esboçando uma caricatura, uma paródia de mim mesmo, quando falo assim, mas, crê-me, Rudi, parodiar a si mesmo na minha situação interior já é uma conquista! E eu sou grato por isso.

Com humildade confesso que nunca deveria ter o direito de reivindicar a felicidade na perfeição com que ela caiu em meu colo. E agora o meu filho espiritual também está nascendo – o que mais quero?

A saudade que sinto de Tilly é o pão interior de que preciso para viver. E a plenitude do sofrimento parece-me, ao cabo, de alguma maneira como uma distinção, uma proximidade de algo superior. Pega-se a Bíblia e lê-se um pouco em Jó. Ou, como fiz no caminhão vindo de Munique, com um mau pressentimento, folheio os salmos e leio: «Espera no Senhor. Anima-te e enche-te de coragem. Espera, pois, no Senhor, ó minha alma.»

Tilly não me esperou.

É simplesmente maligno que uma profundidade assim insondável do sofrimento venha à consciência: no campo de concentração pensava-se que se tinha chegado ao ponto mais baixo; mas só se desceu ao fundo quando se chegou «livre» em «casa». Verdadeiramente livre – demasiadamente livre. Rudi, estou à espera de uma palavra tua. Estendo-te a mão e sinto como tu a apertas. Por favor, não te esqueças de mim, Rudi. Tornei-me muito pobre, muito pobre. Preciso de ti. Promete-me ser paciente comigo. Prometo a ti e ao falecido Hubert que me esforçarei para ser digno de tua amizade[27].

Talvez seja melhor que nunca tivesses recebido essa carta. Talvez porque te inquietaste bastante comigo. E agora, imagina-te, desfrutei dessa solidão até o ponto do excesso, a um grau fisicamente doloroso – até a Páscoa. Desde então – e é suficiente a alusão por ora – há uma pessoa ao meu redor que foi capaz de dar a volta por cima. No que respeita ao exterior, infelizmente, a situação beira o catastrófico, porque ela mal tem 20 anos de idade. No entanto, visto de dentro, tanto do ponto de vista dela como do meu, o que aconteceu a nós dois parece não mudar nada com a diferença de idade, mas antes serve como prova de seu valor.

Por favor, Rudi, encontra uma maneira de que eu faça chegar a ti em completa segurança meus livros e um ou outro ensaio. Na melhor das hipóteses, entra em contato com a secretária do diretor da emissora de rádio de Munique; talvez ela me possa escrever através de uma boa conhecida, a Sra. Eva Fuchs [endereço riscado], e posso então enviar-te os livros pelos mesmos meios. À Sra. Otto peço-te que transmitas minhas mais calorosas saudações. Meus cumprimentos também a Bert – se ele já estiver em liberdade –, Ursula, Hildegard[28], Dr. Heumann[29] e sua esposa, embora eu não a conhe-

---

(27) Cf. a carta a Rudolf Stenger de 30 de outubro de 1945.
(28) Provavelmente enfermeiras do hospital de Bad Wörishofen.
(29) Médico indicado por Frankl como seu sucessor no Hospital para Pessoas Deslocadas de Bad Wörishofen.

ça, [...] bem como a todos os camaradas dos campos de concentração, se eles ainda estiverem convosco e se porventura gostarem de mim. Não me esqueci de nada – nem de ninguém. E não quero e não pretendo. Se o mereci, então será o mesmo convosco. Espero e desejo que assim seja.

Eu permaneço
teu para sempre amigo, Viktor

A Stella Bondy
11 de agosto de 1946

Amada maninha!

Não ditarei esta carta à minha secretária, mas antes a escrevo sozinho. É domingo de manhã, ensolarado, logo virão buscar-me e iremos para Neuwaldegger Bad; a música que escapa do rádio soa pelo meu quarto, tudo o mais é agradável e, graças a Deus, sinto-me saudável e satisfeito. Recebi pacotes esta semana, dois deles da CARE[30], bem grandes, «uma coisinha de nada num piscar de olhos»[31]! Portanto, estou livre de preocupações, e não precisas preocupar-te comigo. «Sê sempre feliz – Deus te ajudará», dizia o abençoado pai (ainda outro dia, no transporte para Theresienstadt). Há uma semana voltei de férias das duas que passei com minha namorada nos Alpes Rax (Ottohaus)[32]. Passamos ali um período maravilhoso, o bastante para comer – naturalmente, porque eu levara comigo toda a minha comida enlatada. Na segunda semana também escalei e graças a Deus, finalmente, apesar da chuva, fiz o Malersteig – portanto, sem óculos de proteção, sem sapatilhas de

---

(30) CARE (*Cooperative for Assistance and Relief Everywhere*, anteriormente *Cooperative for American Remittances to Europe*): importante agência humanitária norte-americana fundada em 1945. Prestava ajuda de emergência e enviava pacotes de mantimentos para os sobreviventes da Segunda Guerra Mundial. (N. do T.)

(31) No original, «*auf a Chapp und à Laaf*». Linguagem coloquial. (N. do T.)

(32) Uma das montanhas preferidas de Frankl para escalar. Planalto alpino na fronteira da Baixa Áustria com a Estíria; destino de excursão («*Hausberg*») em Viena. *Ottohaus*: cabana de montanha a uma altitude de 1.644 metros.

escalada (apenas com meias), e carregado com 35 metros de corda (mas sem mochila); cheguei primeiro (isto é, na frente), é claro, acompanhado de um guia que contratamos; e subi com calma e segurança e não me cansei nem um pouco – tudo isso após uma interrupção de 5 anos, com 41 anos nas costas, sete deles sob o regime de Hitler, três anos de campos de concentração e uma provável lesãozinha no músculo cardíaco causada pelo tifo! Louvado seja Deus «por ele». Também tirei muitas fotografias com uma câmara semelhante à Leica, da minha namorada; em duas semanas teremos a revelação das fotos, que, espero, saiam boas. Então as enviarei a vós, e também algumas de mim e da Viena bombardeada, que tirei para vós. Agora, sobre a vossa carta de 3 de julho: o nascimento da pequena Elisabeth Judith me alegra imensamente. Deus abençoe todos os teus filhos! Recebi o telegrama.

Saudações minhas à mamãe Bondy, ao teu sogro e, nem é preciso escrever, ao Walter, de quem sempre me senti muito orgulhoso e de quem falo com frequência, especialmente no que se refere [...] ao seu planador, bem como às suas façanhas alpinas, em especial logo abaixo do Fensterl no Akademikersteig (até que fui com ele e finalmente pus a mão etc., me pus a trabalhar). Basta perguntar a ele, que saberá onde eu queria sair e ele entrar (no Fensterl, é claro...)! Quanto à tua pergunta sobre meu guarda-roupa, não deves, é óbvio, aplicar-me os padrões australianos: tenho algumas camisas e meias e dois pares de ceroulas, três curtas, uma longa, um terno de presente, um feito à mão (de tecido roubado) e um achado – como qualquer um saído de um campo de concentração: tudo, de A a Z, me foi dado por camponeses bávaros (o «roubado» não é, naturalmente, para ser levado a sério: na altura, o prefeito nos forneceu roupas dos depósitos da OT[33] e das SS).

Meu *estabelecimento* tem mais ou menos a seguinte aparência: uma pensão que aluga quartos assumiu os cômodos que não uso do

---

(33) A Organização Todt (em alemão, *Organisation Todt*, OT) foi fundada em maio de 1938 por ordem de Adolf Hitler; foi criada como organização voltada à construção de instalações militares, que levou a cabo projetos de construção na Alemanha e nas áreas ocupadas por tropas alemãs. Recrutou a maior parte de sua força de trabalho entre prisioneiros e trabalhadores forçados.

apartamento; em troca, ela paga-me o aluguel e põe uma moça à minha disposição para a limpeza etc. Assim vivo com conforto. Por exemplo, tomo o café da manhã na cama etc., etc. [...] Bem, o que mais vos devo dizer? Presumo que já tenhais recebido meu segundo livro, *Um psicólogo no campo de concentração*. Esta obra também alcançou enorme sucesso. Anexo uma resenha que apareceu no *Arbeiterzeitu*ng. O terceiro livro está indo para a gráfica, e preparo, no momento, um quarto. A terceira edição do meu primeiro livro será impressa. Há um grande burburinho em torno de *Ärztliche Seelsorge*; as duas primeiras edições esgotaram em uma semana cada. Uma das últimas críticas começou com as palavras: «Temos diante de nós o livro mais significativo que se publicou desde o fim da guerra...». Nada mal. Além da resenha, também estou anexando uma entrevista publicada há pouco. Naturalmente, recebo muitas cartas sobre os meus livros todos os dias.

Mas isso é algo que se deve aceitar; não se anda por aí impune sob palmeiras, como uma zebra. Agora tenho um pedido a fazer-vos: tenhais a amabilidade de copiar algumas fotos dos meus pais e do meu irmão Walter e mandar para mim – não tenho uma única foto da nossa amada família! Mesmo a tia Mizzi não tem mais nada, depois de tudo ter sido destruído pelas bombas; só restaram a taça do Sêder e a árvore genealógica ([...] – não me sobrou mais nada da minha vida anterior!).

Não vos zangueis por vos incomodar desta vez com tantos desejos, mas tudo isso não tem de ser feito de um dia para o outro. Uma coisa, porém, é urgente para mim: que me envieis agora fotografias vossas [...]. Caso contrário, chegará o dia em que não vos reconhecerei (Deus nos guarde) quando aí chegar e ficar de pé no cais e gritar com toda a minha garganta e a plenos pulmões: «Stellaaa – Waaalter» – «Peeeter – Juuudith!!!» – e nem um gato se mover. Mas o melhor será para nós silvarmos o antigo assobio de nossa família: «Fiuu-fu-fiuuuuu».

No entanto: tende paciência! Vou devagar, mas com certeza irei. Para isso, asseguro minha saudade, sobretudo de ti, Stellinha, o que resta de nosso sangue, e de teus dois pequeninos queridos, a provisão de nosso sangue, por assim dizer. E, agora, senta-te e escreve-me para mim imediatamente, mesmo que não tenhas tempo; eu também não tenho nenhum, e ainda assim me sobeja algum – para a minha irmã. No máximo, limparás um chapéu a menos durante a semana ou tua família comerá os *knödeln*[34] um quarto de hora mais tarde.

Saudações a todos!
Vosso, Viki.

A Wilhelm e Stepha Börner
12 de agosto de 1946

Queridos Wilhelm e Stepha!
Infelizmente, só hoje consegui responder à vossa carta de 11 de julho, uma vez que estive de férias por duas semanas na cabana de Ottohaus sobre o Rax. Graças a Deus me recuperei bastante bem e pude verificar que, apesar dos três anos em campos de concentração e do dano, ainda que leve, ao músculo cardíaco causado pelo tifo, a minha «forma» como escalador permaneceu a mesma em comparação com a época da minha última escalada há 5 anos, quando fiz o mesmo percurso através do Preinerwand (Malersteig) com minha esposa. As *edelvaisses*[35] que arranquei então da parede dediquei à sua memória e estão agora expostas em um pequeno coração de cerâmica sob sua fotografia de menina que tenho acima da minha cama.

Recebi o pacote que me enviastes através do Dr. Goldfeld, bem como o recente da Sociedade Ética. Não podeis imaginar como vos sou imensamente grato por isso. Mas saliento mais uma vez e de uma

---

(34) Knödel: bolinho de massa feita a base de batata ou pão, farinha e especiarias; nas gastronomias austríacas, alemãs, suíças e nas regiões de colonização alemã e tirolesa no sul do Brasil é servido como refeição principal ou acompanhamento. (N. do T.)

(35) Em alemão, *Edelweiß*; nome científico: *Leontopodium alpinum*. Na realidade, não é uma flor, mas uma calátide formada por 50 a 500 flores diminutas, aglomeradas em pequenos bulbos amarelos, rodeados por folhas brancas aveludadas e dispostas em forma de estrela. Típica dos Alpes, há inúmeras lendas relacionadas a ela: numa delas, teria nascido das lágrimas da Virgem Maria, e, na Áustria, é uma prova de amor quando o rapaz escala os Alpes e busca a linda *flor* para a amada, posto que o percurso é sobremaneira perigoso. (N. do T.)

vez por todas: eu não quero que vós – que tanto fazeis e já fizestes tanto, e para tanta gente – gasteis nem mais um dólar comigo!

Só então, quando a Stella vos enviar o dinheiro, é que permitirei que me envieis outro pacote. Mas também não quero isso de Stella, visto que ela acabou, felizmente, de ter seu segundo filho, a pequena Elisabeth Judith, e certamente precisa de cada centavo. Aliás, por meio de vossa gentil intercessão, também recebi um pacote de [nome riscado]; independentemente de qualquer agradecimento direto meu, peço-vos que expresseis a ela a minha mais calorosa gratidão; penso que por esta altura já tenha recebido meus livros. Uma vez respondi às suas cartas por intermédio de Eugen Hofmann – não consegui até agora escrever-lhe diretamente depois que, em sua primeira carta, em vista da minha situação, ela dirigiu-se a mim de um modo bastante frívolo, ou pelo menos sem muito tato, apostrofando-me. Agora quero esquecer isso. *Miss*[36] Kupferberg voltou a escrever-me, e já respondi à sua carta. Ela está realmente fazendo um grande esforço para que se lance a tradução de *Ärztliche Seelsorge* nos Estados Unidos, com a respectiva publicação – por enquanto sem sucesso. Francamente, desde o início não espero qualquer prontidão especial ou qualquer necessidade espiritual para um livro assim nos Estados Unidos. Estou ciente de que o mundo anglo-saxão, em geral e em particular, não possui uma compreensão apreciável dessas ideias.

Estou convencido de que isso não se deve tanto a uma – digamos assim – atitude intelectual pragmática, mas acima de tudo ao fato de não ter havido lá aquele choque aos mais profundos fundamentos de nossa existência que o terror nazista gerou em todos os países europeus ocupados. [...] Para não falar da Áustria – onde, para dar um exemplo, uma crítica recente de *Ärztliche Seelsorge* começa, com toda a seriedade, com as seguintes palavras: «Diante de nós está o livro mais importante que se publicou desde o fim da guerra...».

As cartas que recebo diariamente dos leitores provam, sobretudo, que o livro também tem sido capaz de dizer e dar algo às pessoas simples que se encontram no meio do caminho da própria vida,

---

(36) Em inglês no original: «senhorita». (N. do T.)

em especial à geração jovem de hoje. Esse sucesso, e vós tendes de acreditar em mim, de forma alguma me cega às fraquezas que eu próprio vi desde o princípio e talvez tenha visto melhor; por outro lado, penso que, mais cedo ou mais tarde, o que é realmente valioso no livro afirmar-se-á com certo automatismo e que nem as fronteiras nacionais, nem mesmo o Atlântico, poderão deter a lei da história intelectual.

[Nome riscado] veio ver-me hoje na Policlínica, confiando a mim suas aflições. A pobrezinha ficou encarcerada num manicômio durante anos por insultar Hitler. Em Salzburgo, esse internamento já foi tratado como um encarceramento político. Aqui, no entanto, ela está tendo dificuldades, mesquinhas e estúpidas, até para anular sua interdição. Coloquei-me à sua disposição, é claro. Espero que também receba em breve o pacote da Sociedade Ética. (Os rumores de outrora, portanto, que falavam de um ponto de venda de comida em vez de um lugar de prevenção ao suicídio, estavam certos no fim das contas...) Que Wilhelm tenha recuperado a saúde alivia-me de uma grande preocupação.

Já era hora de ele finalmente me tutear, o que me alegra muito. Li seu *Pastoral secular* com grande prazer e estímulo. O título do meu livro é deliberadamente provocante – em especial para os círculos eclesiásticos. Não é que aqui, como supondes, o tema esteja distante da prática médica; como já indiquei, está próximo dos círculos mais amplos da Áustria espiritual – e justamente a parte existencial-filosófica. Lembro-me muito bem, Wilhelm, das belas discussões sobre Heidegger que tivemos, penso, em 1936, em Zillertal. Mas hoje, mais do que nunca, devo rejeitar tua concepção da filosofia existencial como «uma confusão mística».

Deveria uma corrente de pensamento assim, a qual, como nenhuma outra até agora, se preocupou com o que há de concreto na existência humana, ser condenada como coisa mística e, portanto, de algum modo, como algo nebuloso ou vago, ou abstrato? Com certeza e infelizmente, como sabemos, tornou-se a filosofia da moda, sobretudo na França. Mas será que isso nos isenta de sua pretensão e de nosso dever de examiná-la para ver se não foi precisamente sua atualidade – seu enraizamento na atitude para com a vida de nossa geração – que lhe permitiu tornar-se moda (mesmo que estar ña moda represente mil vezes um sintoma de degeneração)?

Talvez seja verdade que eu não tinha razões necessariamente imperiosas para incorporar a filosofia existencial em meu livro – ou, melhor dizendo, o que, seguindo Jaspers, entendo por isso, transformando a análise existencial, por assim dizer, em uma especificação da logoterapia. No último capítulo, em que falo sobre a importância de evitar qualquer imposição, fiz saber que, na minha opinião, nenhuma visão pessoal de mundo deve influenciar o tratamento médico, o qual o paciente deve decidir por sua própria conta, segundo sua posição perante a vida. No entanto, entendo que, no fundo, o que a análise existencial faz é conduzir o ser humano à consciência de sua responsabilidade – isso, decerto, da maneira mais radical.

Há um mal-entendido de tua parte, caro Wilhelm, que eu gostaria, contudo, de afastar: que o meu método pressupõe uma interpretação subjetivista; tomei consciência desse risco a partir de algumas das expressões que podem ser encontradas em tua crítica; quando dizes que damos um sentido à vida: em meu entender se trata sempre de um valor objetivo – ou deixa-me antes dizer: de um sentido muito concreto, pessoal –, mas não devemos dá-lo arbitrariamente, e sim encontrá-lo.

Basta por hoje. Concluo agradecendo mais uma vez por tudo o que tenho recebido de vós ao longo dos anos e dias, tanto material quanto espiritualmente.

Vosso, Viktor

Ao pároco da Igreja Católica Romana de Kahlenbergerdorf
15 de outubro de 1946

Reverendo!

Quando ainda era médico-diretor no Departamento de Neurologia do Hospital Judeu de Rothschild, faleceu em minha enfermaria uma paciente de 16 anos de idade que sofria de um tumor cerebral incurável e tinha vindo da Silésia para Viena em busca de tratamento. A jovem era católica batizada, mas na época, sob o regime nazista, nenhum padre em Viena foi autorizado a dar-lhe um enterro adequado, exceto o de vossa paróquia. Assim, em outubro de 1941, minha paciente foi abençoada na igreja de Kahlenbergerdorf e sepultada no cemitério local. Eu mesmo participei das cerimônias fúnebres com os poucos familiares da jovem, bem como com minha esposa (que veio a morrer mais tarde no campo de concentração de Belsen), que na época era enfermeira daquele departamento de neurologia.

Alguns dias atrás visitei, ou melhor, procurei, o túmulo da jovem e pude constatar que não havia sequer uma identificação com seu nome. Uma vez que tenho todos os motivos para acreditar que os parentes de minha paciente, sendo de origem judaica, há muito pereceram e, por isso, não resta ninguém para cuidar do túmulo, sinto-me compelido a fazê-lo eu mesmo. Com isso em mente, tomei a liberdade de vos pedir, reverendo senhor padre, que reze uma missa pela alma da jovem. Para isso, estou juntando a esta carta a quantia de 10 xelins, na expectativa de que seja suficiente por enquanto. Ficar-vos-ia muito grato, portanto, se me dêsseis o nome que aparece na lista de mortos ou num documento similar da paróquia, bem como a localização e o número do túmulo. Gostaria igualmente, mais tarde, de providenciar que uma cruz simples de madeira com placa e nome fosse colocada ali e de visitar pessoalmente o local da sepultura assim que ela me for indicada. Na esperança de não vos ter incomodado muito com todos esses pedidos,

Vosso mui devotado, Viktor Frankl

A Stella Bondy
Inverno de 1946

Querida Stella!

Por favor, não te zangues comigo por não ter respondido até hoje às tuas últimas cartas. Tenho estado muito ocupado ultimamente, e por isso não consegui escrever-te até agora. Antes de mais nada, só regressei a Viena ontem, depois de passar catorze dias em

St. Christoph. Fui convidado para ir lá pessoalmente pelo General Bethouart – o chefe das forças de ocupação francesas locais –, a fim de palestrar em um encontro de acadêmicos franceses, suíços e austríacos sobre a análise existencial (ou seja, a minha teoria, que se opõe à psicanálise) e os problemas do homem moderno[37].

A palestra, de enorme sucesso, foi seguida de um debate que durou três horas (o filósofo da Universidade de Paris disse-me depois: «Não foi uma palestra, foi um mundo»), e mesmo depois, por volta da meia-noite, tive de dar uma entrevista por microfone para a Rádio Innsbruck. [...] Fui também esquiar um pouco, com pranchas que lá tomei emprestado. Em janeiro, devo ir a Graz para uma palestra, e assim também em janeiro (naturalmente, no compartimento do vagão-leito que os franceses sempre colocam à minha disposição, no Arlberg Express), outra vez na Universidade de Innsbruck. Só falei lá em novembro – a saber, no Hospital Psiquiátrico, onde o auditório principal lotou; muitos professores, também de outras especialidades, estavam presentes. E a palestra, segundo se diz, tornou-se, no dia seguinte, o assunto mais comentado na cidade. Em Innsbruck, bem como em Salzburgo, meus livros são muito conhecidos. Agora estão felizes porque finalmente saiu a terceira edição de *Ärztliche Seelsorge* (a Suíça encomendou sua própria edição; na França, será em breve traduzido). A propósito, espero que tenhais recebido meu terceiro livro, o mais novo e, por conseguinte, aquele com menos páginas.

Evidentemente, após a palestra em Innsbruck, tive eu de dar autógrafos aos alunos. Depois fui de carro para Salzburgo, onde também ministrei uma palestra para uma audiência entusiasmada. O decano da Universidade de Teologia convidou-me de imediato para proferir aulas no semestre de verão, dizendo que não o incomodava em nada que eu fosse (e continuasse a ser) de crença judaica. A estação de rádio BBC, de Londres, como há muito soube por uma carta de Sofia, transmitiu uma palestra sobre mim na qual se afirmava que eu seria «o homem vindouro da Áustria». Recente-

---

(37) Cf. Viktor E. Frankl, *Die Existezanalyse und die Probleme der Zeit*, Amandus, Viena, 1947, p. 166.

mente, um professor de neurologia de Bucareste enviou um de seus pacientes a Viena. Também já estou comprometido para o verão com cursos na Universidade de Alpbach, no Tirol. Políticos americanos que vêm a Viena procuram-me. Dramaturgos pedem permissão para dar vida no palco aos meus pensamentos. No meu convite a St. Christoph, os franceses colocaram meu nome entre os grandes representantes da psicologia austríaca, «tal qual caracterizada por Grillparzer, Schnitzler, Hofmannsthal e Freud». Já quatro vezes comentaram sobre meus livros, e trechos deles também foram lidos na Rádio Viena. Eu mesmo dei duas palestras lá e concedi duas entrevistas a uma emissora americana. No início de novembro estive na Suíça, convidado a palestrar em um congresso de psicologia; espero que tenhas recebido a cartinha que te enviei de lá. Quando cheguei à Suíça, já era esperado por dois pacientes, um da Basileia e o outro francês, que tinham ouvido falar da minha presença e queriam consultar-se comigo.

[...] Muito obrigado por me enviar as fotos. Infelizmente só posso retribuir o favor com uma pequena fotografia minha de passaporte. Mesmo sem fotos, penso muitas vezes em vós e sonho assiduamente contigo, minha querida Stellinha. Perdoa-me se esta carta está um tanto confusa, mas preciso passar por vários pontos de tua carta e pelas notas que elaborei para a que te envio. [...]

Por fim, gostaria de participar a ti que, no primeiro dia de Natal, o 8º dia de Hanukkah, fiquei noivo da Srta. Elly Schwindt. Sabes que ela mal tem 21 anos, mas, se ela não se importa, também não te importarás. Claro, não posso pensar em me casar até que tenha em mãos a declaração oficial de óbito da falecida Tilly. Entretanto, Elly está morando comigo durante uma parte do tempo, e finalmente tenho alguém que cuida de mim em todos os aspectos e com todo o amor. [...]

Venho entendendo-me bem com a alimentação, graças aos pacotes que de vez em quando me chegam. Em circunstância alguma deves enviar-me algo, porque, tendo filhos que dependem de ti, tu és quem mais precisa. [...] Basta de bisbilhotice por hoje. Escreve-me novamente o mais rápido possível, e tanto quanto possível. Também sou muito grato pelas cartas de meu adorável cunhado, escritas em seu habitual estilo bem-humorado. Cumprimenta a todos do fundo do meu coração, abençoa, por sobre os oceanos, teus filhos em meu nome e, portanto, em nome de nosso piedoso Pai, e sede abraçados e mil vezes beijados

com o amor mais profundo do teu irmão

A Stella Bondy
1º de maio de 1947

Querida Stellinha,

Escrevo esta carta no primeiro dia de maio, ou seja, na data de teu aniversário. No entanto, abstenho-me de todos os desejos; por amor de Deus, a quem, senão a ti, desejo tudo de melhor no mundo! É claro que, em um dia como este, anseio por um reencontro contigo mais do que o habitual (de todo modo, alguns dias atrás, sonhei contigo de novo); e sei muito bem: por mais distantes que estejamos um do outro, através do tempo e do espaço e de ambientes e influências diferentes, quando nos virmos, se Deus quiser, abraçar-nos-emos como se nos tivéssemos visto pela última vez apenas ontem.

[...] Entretanto, por hoje, um instantâneo, da minha festa de aniversário (no meu apartamento): de pé (sempre da esquerda para a direita), meu assistente, o professor Pötzl[38]; sentado atrás dele, meu amigo Dr. Melchinger[39] e minha noiva, Elly Schwindt, que já te apresentei em duas outras fotos; na frente, a tia de Tilly, eu, a esposa do professor Pötzl e o namorado de Erna Gsur-Rappaport,

---

(38) Otto Pötzl (1877-1962), neurologista e psiquiatra, diretor da ala de neurologia da Clínica Universitária de Viena. Pötzl, que também ocupou a presidência honorária dos centros de aconselhamento para jovens que Frankl fundou na década de 1920, foi um dos primeiros mentores de Frankl e um amigo paternal. Manteve uma relação de amizade com Viktor e Eleonore Frankl até a sua morte em 1962. Juntamente com Frankl, protegeu pacientes psiquiátricos judeus do programa de eutanásia de Hitler, emitindo falsos diagnósticos e encaminhamentos para o lar de idosos judeus na Malzgasse, em Viena.

(39) Siegfried Melchinger (1906-1988), escritor vienense, crítico de teatro e editor, dramaturgo.

o conhecido poeta Felmayer[40]. Infelizmente, tudo está subexposto devido à luz artificial. Se Deus quiser, casaremos em algumas semanas, após a emissão da certidão de óbito da Tilly por parte do tribunal. No sábado, 26 de abril, fez exatamente um ano que estreitei minha amizade com Elly. Como o dia 27 foi o segundo aniversário da minha libertação do campo de concentração, ou seja, de meu «renascimento», não jejuei no dia 27 como tinha feito no ano anterior, mas no dia 26, e por meio de Schnodern fiz recitar um *mischeberach*[41] para os netos de meu piedoso pai. Estes são Peter e Liesl – e, se Deus quiser, em dezembro, a criança que Elly está esperando [...]. Arregalas os olhos, hein? Mas quanto tempo mais, e por que, devo esperar?

Tenho agora o dobro da idade dela (ela: 21). Ela quer chamá-la de Gabriele, se for menina; se for menino, Harry. Preocupemo-nos com o que temos, certo? No entanto, espero que não se pareça comigo, mas contigo ou com a Elly. No Sêder, rezei brevemente por mim e coloquei um pouco de vinho Carmel[42] na velha copa de caça que foi encontrada na casa de Mizzi [Maria Lion]. Com ela venho mantendo contato, principalmente porque está fazendo um curso de massagem na Policlínica. Ela é muito, muito corajosa (já era durante a vida de nossos pais, quando colocava a vida em risco para enviar pacotes ao campo de Theresienstadt) [...].

Agora, tudo de bom para ti e para os teus, *many thanks to Peter for his nice lines*[43]! E não vos esqueçais da nova autorização de entrada – *one never knows*[44]... E escreve novamente ao teu único amor e amado irmão, que te ama e te abraça

Viki

---

(40) Rudolf Felmayer (1897-1970), poeta austríaco, editor da série de poesia *Nova poesia austríaca*.

(41) Nos dias em que a Torá é lida nas sinagogas (às segundas, às quintas, no sabá e nos feriados judaicos), pode-se solicitar uma oração especial pelos doentes, conhecida como *Mi Sheberach*. Nesta oração, o fiel se compromete a fazer caridade em nome do doente. (N. do T.)

(42) Vinho doce que, nas celebrações especiais, se oferece (como doação) no templo.

(43) Em inglês no original: «Meus muitos agradecimentos ao Peter pelas belas linhas que me escreveu!» (N. do T.)

(44) Em inglês no original: «Nunca se sabe». (N. do T.)

O QUE MAIS HAVERÍEIS DE SOFRER, DEVO SOFRER AGORA

A Stella Bondy
Meados de 1947

Queridíssima Stellinha!

Não tenho muito mais para dizer-te agora – Elly escreveu sobre o mais importante. Apenas: ontem passei nos três testes de direção, embora não soubesse como verificar o nível de óleo no motor. Mas no momento acabei inventando um método: desenroscar o parafuso e verificar – e eis que eu estava certo (nunca nos ensinaram isso); e enquanto dirigia eu tive de dar a ré em um beco sem saída terrivelmente estreito (virar junto ao Meinl, em frente ao Palácio Arquiepiscopal, e continuar à esquerda em direção à Rotenturmstraße); os examinadores pediram-me desculpas por me terem conduzido por ali inadvertidamente, pois não tinham a menor ideia, e lhes dei tanta pena que não se importaram quando, durante as dez voltas que demos, eu bati duas vezes no meio-fio e deixei o motor morrer outras duas vezes. É verdade que dirijo de um modo um pouco rude, embora, supostamente, com prudência e deliberação, e ainda com ímpeto, mas sempre com o pé sobre o freio, em dupla embreagem, reduzo a marcha e sigo ligeiro; eu sempre faço isso ao engatar a marcha e mudar de velocidade! [...]

Agora falo regularmente na Ravag[45]. Recentemente, ante os quacres americanos e sob incumbência do rabinato de Viena, falei como judeu, juntamente com um católico e um protestante, sobre o lugar da religião no mundo de hoje. Seguem anexas algumas fotos: Elly e o cão do professor Nowotny[46] (diretor do Maria-Teresienschlössel, onde o Dr. Polak trabalha agora como assistente), tirada durante o Pentecostes em Waldegg, onde fomos com o carro de amigos; e outra minha, no Votivpark, fotografado pela Elly. [...] Só mais uma coisa: não te esqueças de prorrogar a permissão de entrada em tempo hábil e estendê-la a Eleonore Katharina Frankl, nascida

---

(45) Radio-Verkehrs-AG (RAVAG), primeira empresa de radiodifusão austríaca, fundada em 1924. (N. do T.)

(46) Karl Nowotny (1895-1965), neurologista e psiquiatra, cofundador da Associação Internacional de Psicologia Individual e apoiador de primeira hora de Frankl.

Schwindt, só por precaução; e escreve como minha profissão psiquiatra e *lecturer*[47], ou professor (isto é, docente universitário), na Universidade de Viena, porque acho que isso evita o receio de que eu seja um falso refugiado. Não vos aborreçais com a Elly se ela for obrigada a aproximar-se de vós com pedidos (lã de tricô, escovão etc.) por causa de Gabriele ou Michael (*in spe*[48]).

Muitos beijos a todos os Bondy, de Stella, a mais velha, à mais jovem, Liesl, e em particular ao senhor chefe-superior da autoescola de vosso
professor Bockuschateli[49]
titular da carta de habilitação 3c
para automóveis de passageiros sem reboques

Com Eleonore Frankl a Stella Bondy
22 de julho de 1947

Eleonore Frankl a Stella Bondy

Caríssima Stella!
Meu efusivo obrigado por tuas duas cartas de 6 e 7 de julho, que recebemos ontem. Na verdade, devia ter-te escrito antes, mas no dia 18 do corrente mês ocorreu nossa cerimônia de casamento, de modo que eu realmente não tive tempo. Ademais, queria contar-te tudo o que aconteceu nesse dia, e é o que pretendo fazer hoje. Assim, marcamos o casamento para a última sexta-feira às 12h15 no cartório de registo civil na Währingerstraße. Levantei-me às seis da manhã com a intenção de preparar e fazer algumas coisas, mas

---

(47) Em inglês no original. «*Lecturer*», denominação em países de língua inglesa para professores universitários em início de carreira acadêmica. Sua única obrigação consiste em dar aulas, geralmente para a graduação. Exerce a docência em regime de contrato, que pode ter maior ou menor duração, a depender das avaliações internas da instituição ou da experiência. (N. do T.)

(48) Em latim no original: «na esperança», «na expectativa», «ainda por nascer». (N. do T.)

(49) O apelido de infância de Viktor Frankl em sua família era Bocki («teimoso»); «*Bockuschateli*» é a forma diminutiva.

a verdade é que eu estava muito nervosa. Vais rir de mim, querida Stella, mas o Viki teve até de me tratar «psicoterapeuticamente»; caso contrário, não me teria levado sã e salva ao cartório.

Quando já estávamos no carro (não fomos de táxi, mas um amigo do Viki, um arquiteto francês, levou-nos em um belo carro francês), o nervosismo diminuiu um pouco e chegamos ao cartório a tempo. Sabes, Stella, passei o dia admirando o Viki, dado que não estava nem um pouco ansioso e agia como se o casamento fosse algo tão rotineiro quanto, por exemplo, escovar os dentes. No próprio cartório, além de nossas testemunhas de casamento, a Sra. Hertha Weiser (tia de Tilly) e a Sra. Grete Krotschak (a esposa divorciada do famoso violoncelista Krotschak), apenas meus pais e minha avó estavam presentes. Antes, durante e depois do casamento, um fotógrafo de imprensa tirou inúmeras fotos, que devemos receber hoje ou amanhã. A cerimônia em si foi concluída em cerca de 10 minutos, só que ao trocar as alianças quase não consegui colocar o anel no dedo do Viki, de tão trêmula que eu estava.

Em seguida, nós oito voltamos ao nosso apartamento e comemos bolo e bebemos vinho, e às 14 horas a (primeira) festinha chegou ao fim. Mas foi aí que começou para nós o trabalho principal, porque às 6 horas da noite tínhamos organizado uma grande recepção para a qual foram convidadas 24 pessoas (vários professores, um professor francês com a esposa, um padre dominicano[50] bastante conhecido [em hábito branco], uma pintora[51] e muitos outros). Havíamos preparado sorvetes, bolos, sanduíches, salgados e vinho, e eu mal acabara os preparativos quando os primeiros convidados começaram a chegar. Toda a gente trouxe flores, então não sabíamos mais onde colocá-las. A noite foi muito agradável, todos sentiam-se muito à vontade, e havia mesmo alguns bêbados no final. Às 23h15, o último convidado se despediu, e depois nós dois nos divertimos,

---

(50) Diego Hanns Goetz (1911-1980), padre dominicano, trabalhou, a partir de 1939, no Instituto Pastoral da Arquidiocese de Viena e igualmente como pregador de estudantes e artistas.

(51) Hilde Polsterer (1903-1969), pintora austríaca, diretora de desenho nas lojas Printemps Haussmann de Paris até 1937. Na década de 1950, foi membro da associação de artistas vienense Art Club.

comendo um bom pedaço de bolo. Bem, penso ter contado tudo, exceto um pequeno incidente, mas o Viki escreverá a respeito disso. Agora, porém, às tuas queridas cartas.

Fiquei muito triste ao saber da morte de tua sogra, e posso compreender o que significa perder uma pessoa querida. Ainda tenho o meu querido irmão algures na Rússia, e não sei se ele está vivo ou não.

Não recebemos teus pacotes, mas esperamos muito que cheguem. [...] Aliás, faz alguns dias que sinto os primeiros movimentos do bebê, quase como se estivesse lutando boxe. Lamentamos muito que não possas sair de férias, mas no próximo ano poderás viajar com Lieslinha e Peter, porque ambos já estarão «crescidos» nessa altura. Também eu terei de ficar em casa no próximo ano, mas o bebêzinho, se Deus quiser, vai trazer-me (a nós) tanta alegria e sol que não sentirei falta de férias. Escreves que não há criados em tua casa e que não há ninguém para te ajudar. Mas tens certamente muito o que fazer, porque duas crianças e uma casa dão muito trabalho. Falei com o Viki sobre isso ontem, e acho que também não vou contratar uma empregada, mesmo que o bebê já tenha nascido. Uma vienense está fora de questão, porque uma em cada duas está doente, ou passa as noites esvoaçando com soldados e não tem mais nada na cabeça a não ser os encontros noturnos, enquanto uma garota do campo não vem à cidade devido às péssimas condições de vida.

Além disso, é preciso pagar a elas de 70 a 100 xelins por mês, o seguro de saúde perfaz mensalmente 35 xelins e, adicionando a comida – porque não se pode deixá-las apenas assistindo –, ter uma garota assim eleva os custos a 250-300 xelins mensais. Com esse dinheiro prefiro comprar frutas e legumes para nós, e mais tarde para o bebê, e fazer eu mesma todo o trabalho, exceto os trabalhos mais difíceis, que nos faz uma faxineira, e ter mais. Além disso, gosto muito de fazer trabalhos domésticos.

[...] O que eu não daria para vos ver a todos pessoalmente um dia, uma vez que já me afeiçoei tanto a vós por carta. [...] Agora, meus queridos, tenho de encerrar, senão Viki não terá mais espaço para escrever. – Um beijo afetuoso de vossa Elly

Viktor Frankl a Stella Bondy

Meus queridos!
Antes de mais nada, minhas condolências. Parece que a mamãe sogra teve uma embolia? Pelo menos ela não sofreu e tinha o Walter com ela. Em qualquer o caso, tenho boas lembranças dela. Só não penses, Stella, que tuas longas cartas nos aborrecem. Entusiasmam-nos – as curtas e objetivas só são úteis como cartas comerciais; apenas em uma mais longa é que se pode mostrar-se com maior intimidade, sentir-se mais à vontade e deixar que o outro conheça a vida de quem escreve, a partir de mil pequenos detalhes, como de pedrinhas de mosaico. Já tens o quarto e o quinto livro?

O que pensas a respeito do casamento? Da próxima vez – apenas sob efeito de narcose. Aliás, na manhã seguinte à noite de núpcias, um vizinho encontrou Elly enquanto faziam compras e perguntou-lhe como estava... «Obrigada – só meus pés ainda me doem de ontem», foi o que ela respondeu ingenuamente; mas ela queria dizer que doía de tanto ficar de pé no decorrer da festa; ele, no entanto, soltou um sorriso sardônico...

Por falar nisso: há pouco tempo recebi uma ligação do produtor do famoso documentário sobre doenças sexualmente transmissíveis, e queria conquistar-me como assistente científico para algum tipo de filme sobre sexo, o que, é óbvio, recusei (agora que sou um professor universitário sério); quando lhe perguntei por que pensou justamente em mim, ele respondeu: «Disseram-me várias pessoas que vós, senhor professor, sois agora a única pessoa em Viena que é ativo no campo da sexualidade (isto é, psicológico-sexual)». O poeta Hans Weigel[52], de quem sou amigo, até publicou essa anedota em um jornal vienense.

[...] Minha teoria já é chamada de «terceira escola vienense» no âmbito da psicoterapia (depois da psicanálise e da psicologia individual, ou seja, Freud - Adler - Frankl). Tem isso em mente, Stella, de uma vez por todas, e lembra-te de que desejo ir ter convosco o

---

(52) Hans Weigel (1908-1991), escritor e crítico de teatro vienense. Entre 1938 e 1945, viveu na Suíça, regressando a Viena após a guerra. Amigo próximo de Viktor e Eleonore Frankl.

mais depressa possível. Mas isso só será possível quando eu tiver construído uma reputação para mim aqui e internacionalmente e me oferecerem, por exemplo, uma nomeação em uma universidade australiana, ou quando não for mais necessário ou importante ficar aqui de mala e cuia. Peço-te, portanto, que prorrogues a permissão de entrada, incluindo o bebê e a Elly, como já disse. Elly pode trabalhar em qualquer lugar e a qualquer momento, é assistente dentária com formação, conhece os instrumentos etc., e é muito eficiente, adaptável e hábil manualmente. E eu posso escrever livros em alemão – em breve publicarei até uma peça dramatúrgica de um ato sob o pseudônimo de Gabriel Lion[53] – e ministrar palestras e aulas em inglês. Sou um «egoísta» como tu, Stellinha, há muito tempo – isto é: quero viver perto de ti; isso não é egoísmo («isso não é generosidade»...), mas um saudável senso de família judaico, sobremaneira conhecido. Só há uma coisa que não me atrai: ganhar dinheiro! Dinheiro tenho aqui o suficiente, e não é dinheiro o que me tenta no outro lado do mundo – o que preciso é de um propósito de vida e um trabalho que me preencha, mesmo que isso signifique renunciar à prática clínica e apenas escrever livros. Anexei dois recortes de jornal que, ao menos teoricamente, podem despertar teu interesse. [...] Encerro agora com um beijo, e escreve-nos muito novamente. Durante as férias no Tirol receberemos lá as cartas,

vosso, Viki.

A Stella Bondy
Novembro de 1947

Queridíssima Stella!
Acabei de fazer uma doação de 350 xelins para que uma árvore, com uma inscrição para cada um de nossos piedosos entes queridos, possa ser plantada nos arredores de Jerusalém, em um bosque para os judeus vítimas do nazismo na Áustria; Else Frankl (esposa

---

(53) *Sincronização em Birkenwald*. Publicada pela primeira vez em 1947, na revista *Der Brenner*.

do Walter), juntamente com Elsa Frankl, terá uma árvore também. [...] Como bem se sabe, Otto [Ungar][54] morreu de tuberculose após sua libertação do campo de concentração (para onde fora enviado de Theresienstadt por causa de seus desenhos representando a vida do gueto; acusaram-no de tentar contrabandeá-los para o exterior; muitas dessas pinturas foram achadas sob um quartel próximo de lá e expostas posteriormente, de modo a que sua esposa e filha, que sobreviveram ao campo de concentração, possam viver delas). [Nome riscado] está na Tchecoslováquia; durante a guerra, em [lugar riscado], foi uma figura importante na emigração tcheca; mostrou-se insensível mesmo em relação a Fritz [Tauber][55] e, embora esteja bem-informado acerca de meu destino e de minha família, ainda não considerou necessário sequer escrever-me. Fritz, por sua vez, costuma enviar-nos pacotes e esteve disposto tanto a levar Elly a Brunn para lá dar à luz quanto a presentear-nos com o que quiséssemos. Ele é um amor e gosta muito da Elly. Passamos dias inteiros jogando conversa fora e evocando velhas lembranças.

Certa vez o levei ao Simpl[56] para assistir o Hermann Leopoldi[57]. Anteontem dei uma palestra no Urania, cujos assentos se esgotaram onze dias antes; a polícia teve de dispersar as pessoas que não conseguiam entrada e estavam causando tumultos.

Há pouco tempo entrei furtivamente em uma palestra sobre a psicanálise ministrada por um *galloch*, que começou de repente a falar com entusiasmo sobre Frankl, enquanto sua copalestrante (uma

---

(54) Otto Ungar (1901-1945), artista que fez, em Theresienstadt, croquis e retratos bem conhecidos. Foi professor de Yehuda Bacon, entre outros. Era parente distante de Viktor Frankl.

(55) Friedrich Tauber (1906-1994), primo de Viktor Frankl, nascido em Pohrlitz, mais tarde residiu em Brunn (am Gebirge). Depois de ter recebido o aviso de sua deportação, sua esposa o escondeu em um armário durante todo o curso da guerra. Ao longo de suas vidas, Friedrich (Fritz) Tauber e Viktor Frankl mantiveram uma relação familiar e de amizade.

(56) Um dos mais antigos e famosos cabarés de Viena.

(57) Hermann Leopoldi (1888-1959), compositor e artista de cabaré. Em 1938, imediatamente após o *Anschluß* – a anexação da Áustria pela Alemanha nazista –, foi deportado para Dachau e, depois, para Buchenwald; lá compôs a Canção de Buchenwald, de cujo refrão Frankl tira o título para as obras *...apesar de tudo, dizer sim à vida* (no Brasil, *Em busca de sentido*) e *Chegará o dia em que serás livre*.

médica batizada) me criticava por não ser suficientemente religioso e, ao mesmo tempo, se gabava de ter conversado comigo pessoalmente uma vez. Em seguida, alguém se levanta, entra na discussão e refuta a mulher de maneira muito objetiva e eficaz, convencendo a todos. Senta-se então e, ao sentar-se, murmura: «E, afinal, devo saber muito bem, porque me chamo Viktor Frankl». Aquele homem era eu. Todos saltaram de seus assentos, curiosos (afinal, um interpelador havia indagado: «Não é aquele do campo de concentração?» quando o nome Frankl fora mencionado pela primeira vez); a médica ficou destroçada de vergonha, pois tinha feito papel de boba, tanto com sua pretensão de conhecer-me como com suas críticas, que entretanto eu havia refutado, e o *galloch* desceu do púlpito com os braços abertos, aproximou-se de mim alegremente e cumprimentou-me de modo cordial e solene.

Agora o seguinte: gostaria de ter um arquivo notarial no exterior para os documentos mais importantes, ou seja, para todos os meus livros e estatísticas de publicações etc. Posso enviar-te algumas dessas listas (tiragens, número de resenhas – até o momento: 128! –, relação de publicações – como a que afortunadamente se encontra há algum tempo em vossa casa! – e coisas do gênero)? Tens todos os livros? Devo remeter-te mais exemplares? Tens a 3ª e a 4ª edições de *Ärztliche Seelsorge* com o apêndice (cerca de uma folha de anotações impressa) ou sob a forma de separata? Caso contrário, enviar-te-ei tudo com prazer – mas o mantenha em lugar seguro! Nos próximos dias será publicado o meu sexto livro, e já comecei a ditar o sétimo. Agora, o que mais posso contar e fofocar? No domingo houve, no templo da Seitenstettengasse, uma cerimônia em memória ao 10 de novembro.

Elly estava lá comigo, é claro (e com o bebê na barriga). E também no templo para o culto do Yom Kippur. Se eu não a tivesse apanhado no último momento e impedido, teria jejuado durante 24 horas – pelas minhas costas, no sétimo mês! Uma leviandade. Para nós dois, a confissão não é o principal, mas a religião. Não são os caminhos para o Senhor Deus que nos importam, mas a meta: Deus. De qualquer modo, meus livros têm um espírito tão católico que todos ficam surpresos quando ouvem que sou judeu. [...] No entanto, me dou muito bem com alguns católicos, que me têm em grande estima, apesar de eu ser e continuar sendo judeu.

Como vão as coisas por aí? Tendes rabinos modernos? Ou existem apenas sacerdotes modernos entre os católicos? E, a propósito, recebeste minha palestra para os quacres (edição particular, *O lugar da religião no mundo de hoje*)? Por favor, revê cuidadosamente cada carta, a fim de que nenhuma perguntinha fique sem resposta! E senti-vos todos saudados, beijados e abraçados por vosso Bockuschateli (que já se sente pai)! Diz ao pequeno Peter que *he is going to get a cousin or a female cousin in a short time as God will*[58].

---

(58) Em inglês no original: «logo, logo, se Deus quiser, ele vai ter um primo ou uma prima». (N. do T.)

TEXTOS E ARTIGOS

1946-1948

O que diz o psicoterapeuta sobre o nosso tempo?

1946

Hoje, talvez mais do que nunca, todos devem carregar sua cruz. Mas tudo depende de como se carrega a cruz que se teve de tomar sobre si próprio. É necessário fazer sacrifícios, mas é possível cuidar para que os sacrifícios que temos de fazer não sejam sem sentido.

Um sacrifício torna-se sem sentido quando não é feito com o espírito justo, quando está fora da atitude certa. A atitude é tudo. Qual é, portanto, a atitude do homem da rua em relação aos acontecimentos da época? Como é que ele compreende o presente – será que o compreende de todo?

Se escutamos suas conversas, ouvimos repetidamente as duas frases seguintes; primeiro: «não sabíamos nada»; e em segundo lugar: «nós também sofremos». Com a primeira afirmação tenta livrar-se da culpa pelos crimes e, com a segunda, apresenta-se como vítima de criminosos. Antes de nos perguntarmos se e em que medida ele tem razão, devemos primeiro perguntar-nos: o que significa a culpa? É culpa minha, por exemplo, que os líderes políticos do povo a que pertenço agissem de forma criminosa? Serei eu responsável pelo que outra pessoa faz – mesmo que se trate de um cidadão do mesmo estado que eu? Não será antes uma típica linha de pensamento nacional-socialista agir como se um fosse responsável por todos e todos por um?

De fato, só posso responsabilizar alguém por seus atos. Ninguém, por exemplo, pode escolher seus pais – e por isso não posso castigá-lo por pertencer a determinado povo. Com efeito, isso não é um mérito de que se possa orgulhar, nem uma culpa pela qual se deva expiar. Trata-se – ou melhor, até recentemente tratava-se – de uma das premissas evidentes do pensamento ocidental e de um dos princípios da moralidade cristã só julgar moralmente alguém à luz do que ele *faz* de seus dons e talentos – pelos próprios dons, ou seja, pelo que traz consigo em seu caminho de vida, pelo que herda, nunca se é possível responsabilizá-lo. Sua cor de pele, sua altura, seu local de nascimento, sua idade, sua língua materna – quem considerará tudo isso um mérito ou uma culpa? No entanto, sua atitude, seu comportamento em certas situações de vida, suas ações, na medida em que foi capaz de desempenhá-las em liberdade pessoal, os atos praticados conscientemente e sob sua responsabilidade – tudo isso, sem dúvida, pode ser-lhe creditado. É aí que o ser humano enquanto tal, como ser responsável, começa: onde deixa de ser determinado pelo mero fato de pertencer a um povo específico.

Como se sabe, em todos os povos há pessoas decentes e indecentes. Só podemos julgar as pessoas de acordo com seu caráter. Por que então fingir que pertencer a este ou aquele povo, a esta ou aquela raça, é o que dá ou tira o valor de uma pessoa? Sim, se eu souber que tipo de motor um carro possui, então sei o que esperar; ou, se souber que alguém tem uma máquina de escrever de certa marca, sei o que esperar dela. Mesmo as raças de cães podem ser confiáveis: posso esperar que um cão de caça se comporte de tal e tal forma, e de modo diferente de um *dachshund* ou de um *poodle*. Mas com o homem é bastante diferente!

Nunca poderei calcular qual será o comportamento ou a atitude moral de uma pessoa. Não posso, do mesmo modo, deduzir de sua origem étnica como ela é, que tipo de pessoa é em termos morais, se é de caráter decente ou não. Ainda que os etnólogos e antropólogos se debrucem sobre a investigação racial, que de qualquer modo é bastante problemática, o resto de nós, enquanto seres humanos, só deseja conhecer e fazer a distinção de duas raças: a raça dos decentes e a raça dos indecentes! Tudo o mais, todo esse palavreado sobre raças boas e povos melhores, de um lado, e de povos ou raças supostamente inferiores, de outro, não é mais do que uma generalização injustificada, com a qual se tentou evitar o julgamento desconfortável e altamente responsável de cada ser humano enquanto tal. É sempre muito mais fácil e simples distinguir entre anjos e demônios do que se dar ao trabalho de valorar adequadamente cada indivíduo. E mais: quando digo que pertenço a um povo supostamente superior, posso sentir-me valioso sem a necessidade de fazer nada para merecê-lo, não preciso provar meu valor por meio de minhas próprias realizações pessoais. Refugio-me no coletivo – livre, portanto, da responsabilidade de fazer algo de mim mesmo. E se, além disso, ouvir uma e outra vez que este coletivo, esta nação, por exemplo, à qual pertenço, é a maior e a melhor sobre a face da Terra, meu amor-próprio tira proveito dessa megalomania das massas – apenas, como se sabe, enquanto a ilusão de grandeza não me conduz também a uma paranoia, a paranoia de que todas as outras nações invejam e perseguem a minha e que esta, consequentemente, não tem outra escolha senão declarar guerra contra elas...

Mas afastemos agora essa história toda de doença de um povo inteiro e perguntemo-nos novamente: com que direito moral podemos considerar culpados os austríacos que não são nazistas? Será que podemos enfiar no mesmo saco as pessoas decentes e indecentes? O que pode fazer uma pessoa honrada contra as atrocidades da SS? Na realidade, muitas vezes ela nada sabia sobre o horror nazista – e, se sabia, era incapaz de insurgir-se contra ele. Via-se sujeita ao terror geral, teve de sofrer pessoalmente sob o regime. Bem, tudo isso é bom e verdadeiro; contudo: declarar alguém culpado e tornar alguém responsável não são a mesma coisa; a pessoa decente, o não nazista, não é, naturalmente, culpado, mas significa isso que não é responsável? Serei eu culpado se um dia padecer de apendicite e tiver de ser operado? Certamente que não; no entanto, devo os honorários ao médico que me operou, sou responsável pelas consequências da minha doença... O austríaco decente não carrega qualquer culpa pessoal pela guerra. Ele próprio sofreu sob o domínio nazista – é verdade. Porém, não foi capaz de se libertar dessa dominação – ele próprio sublinha isso repetidamente –, teve de deixar que isso acontecesse, que outras nações democráticas e amantes da liberdade o libertassem desse jugo, que essas outras nações sacrificassem centenas de milhares de seus melhores homens nos campos de batalha a fim de lhe restituir a liberdade, a ele o austríaco decente, mas impotente. Isso deve ser tido em conta – assim, o austríaco decente também compreenderá que lhe é agora pedido que faça sacrifícios, mesmo que não seja pessoalmente culpado.

Só quando compreende tudo isso, quando sabe que nada de injusto lhe é exigido, é que seus sacrifícios – tantos os passados quanto os presentes – farão sentido. Só se ele não se fechar agora em ódio cego é que os muitos sacrifícios do passado e do presente darão frutos no futuro. O austríaco decente deve, portanto, ter compreensão da razão, do direito moral com que agora se exige que se sacrifique. A verdadeira paz só pode crescer a partir da compreensão mútua. Não é razoável pedir agora à nação derrotada que dê o primeiro passo para tal entendimento? A compreensão e a confiança sempre despertaram compreensão e confiança do lado oposto. E a desconfiança e a incompreensão também colheram sempre o mesmo. É claro que não devemos esperar que o mesmo seja pago de um dia para o outro. Só a firmeza de nossa atitude, sua duração no tempo e ao longo do tempo, rende efeito no lado oposto, atrai e obtém sua compreensão e confiança. E não são as palavras que contam, mas as ações – não os atos demonstrativos, mas aqueles que realizamos na estrutura simples da vida cotidiana; todos somos corresponsáveis, todos somos chamados a isso. Goethe disse certa feita: «Como é que o homem se conhece a si próprio? Nunca por meio da contemplação, mas apenas pela ação. Cumpre com teu dever, e saberás o que está dentro de ti. Mas qual é o teu dever? As demandas do dia a dia».

Podemos dizer: nenhuma confiança se conquista com afirmações e protestos, mas apenas por meio de ações; ajamos como homens decentes dentro do círculo estabelecido para cada um de nós, e os outros em breve saberão «o que está em nós». O grande remédio para a aflição emocional destes tempos é a confiança: não só a confiança nos outros, que faz com que confiem em nós, mas sobretudo a autoconfiança – a confiança do povo austríaco nos valores de seu espírito eterno, de seus grandes espíritos imortais. Esses espíritos também atuaram em tempos de impotência política e conquistaram respeito à sua nação como portadora de cultura – e tais espíritos podem e voltarão a existir. Mas esperar por eles significaria uma vez mais querer abdicar das próprias responsabilidades e obrigações. Depende de cada indivíduo e de cada dia que as dificuldades de nosso tempo sejam superadas. E o que precisamos para isso não são tanto novos programas, mas... de uma nova humanidade! O novo espírito desta humanidade impedirá o austríaco decente de continuar a insistir em que nada sabia e o fará compreender finalmente que também deve reparar aquilo de que não é culpado; ele não repetirá mais que também sofreu, mas será capaz de dizer a si próprio: *Não* sofremos em vão – aprendemos!

Vivemos provisoriamente? Não: todos são chamados a isso!¹

29 de abril de 1946

Hoje em dia tudo parece «provisório». Palavras assim cunhadas, tão sugestivas, têm sempre significado sintomático: toda a nossa existência parece ter se tornado provisória, ou ao menos escorregar para uma forma provisória de existência.

Isso subentende, do ponto de vista psicológico, um perigo. A pessoa que experimenta a própria existência como algo inteiramente provisório já não a leva muito a sério. Assim, é ameaçada por um modo de vida em que não se apercebe das possibilidades que lhe são oferecidas, mas as perde: ela as ignora. Espera sempre por algo, sem fazer sua parte para fazê-lo chegar. Torna-se uma fatalista. Em vez de viver tomando consciência de uma responsabilidade, assume a posição de *laisser aller* para com as coisas e de *laisser faire*² para com os outros. Deixa de ser um sujeito humano para se converter em mero objeto – um objeto das circunstâncias, das condições, da situação histórica momentânea. Esquece, porém, o fato de que na história nunca há nada feito, mas tudo está à sua volta por fazer. Ela ignora que as condições e circunstâncias dependem em grande

---

(1) Em *Welt Am Montag*, 11.
(2) Em francês no original: *laisser aller, laisser faire*; deixar ir; deixar fazer. (N. do T.)

parte *dela*, que podem ser *moldadas* de forma criativa; esquece que também tem responsabilidade por elas.

O fatalismo do homem comum de hoje é injustificado, mas demasiado compreensível. É a atitude passiva de uma geração que se cansou, à qual se pede e se exige muito.

Esta geração viveu duas grandes guerras mundiais e, no período entre as duas, «convulsões sociais», inflação, crises econômicas globais, desemprego, terror etc. Fora os tempos de pré-guerra, guerra e pós-guerra – é demais para uma geração. Em que mais deveria acreditar para ser capaz de construir algo? Não acredita em nada mais – espera.

No período anterior à guerra, dizia-se: «Fazer algo agora? Agora que a guerra pode eclodir a qualquer momento?». Durante a guerra falava-se: «O que podemos fazer agora? Nada mais do que esperar pelo fim da guerra; esperar, e já veremos». E assim que a guerra chegou ao fim, dizia-se mais uma vez: «Devemos agora fazer algo? Agora que tudo ainda é tão provisório?».

Essa atitude mental fatalista, essa incapacidade de criar ânimo, intensifica-se até que se torna um ato, um plasmar criativo do destino, uma apreensão ativa. No entanto, essa atitude tende a aprofundar-se devido a um espectro que assoma no horizonte como uma ameaça terrível: a bomba atômica! Muitos pensam que, se outra guerra mundial eclodisse agora, seria o fim do mundo. E essas pessoas não levam mais a vida a sério. Um ânimo apocalíptico se apodera delas: o ânimo do milênio que está chegando ao fim.

Como se a culpa fosse da bomba atômica e não das pessoas! Como se não dependesse do homem o que foi criado a partir da energia nuclear! Sim, depende do homem. E ai se todas as pessoas caíssem no fatalismo... Uma vez que, felizmente, isso não é algo que devemos temer, parece ainda mais triste, ainda mais desnecessário, que o indivíduo se permita conduzir pela ameaça espectral do provisório.

Épocas de transição são tempos difíceis, tempos de crise. Mas esses tempos de crise, sob suas contrações, sempre dão à luz um novo tempo. É precisamente nesses tempos que cada indivíduo vê--se encarregado de uma responsabilidade sem precedentes, grande e pesada, e ao mesmo tempo magnífica: o que emerge dessa época depende de cada um. Dos estadistas depende o que sobrevirá à bomba atômica, se ela tornar-se-á uma maldição ou uma bênção para a humanidade; e de cada «pequeno» homem, do «homem da rua», depende o que será da sua vida e da vida de sua família nos anos e décadas por vir. Cada pedra que – literal e figurativamente – se coloca hoje permanecerá lá durante as próximas décadas – e a maneira como se coloca depende se a próxima geração será capaz de continuar construindo sobre semelhante alicerce. Esta é a maravilhosa responsabilidade de um tempo assim, pois conhecemos o quanto de dificuldades pesa sobre nós e, no entanto, o quanto também é colocado em nossas mãos em termos de possibilidades!

«Aquele que tem um porquê para viver pode suportar quase qualquer como», disse Nietzsche certa vez. A consciência de nossa inaudita responsabilidade, que compreende o futuro da própria vida ou de uma família, de uma obra, de uma comunidade mais vasta ou de um povo, de um Estado, sim, o da humanidade, este genuíno sentido de responsabilidade «histórico» também permitirá ao homem de hoje suportar o «como» de suas árduas circunstâncias de vida a fim de moldá-las, superá-las. Cada indivíduo é chamado a uma luta cheia de tarefas e responsabilidades. Ninguém, portanto, tem o direito de esperar «até que a situação se esclareça» e continuar a viver de forma provisória. Assim que tentamos plasmar ou moldar o provisório, já não se trata mais de um provisório! Quer se trate de uma provisoriedade em grande ou pequena escala, cada um tem a sua vida provisória para transformar em definitiva. Ninguém deve querer esperar mais: todos devem agir; todos devem perguntar-se o que um homem sábio se perguntou há dezesseis séculos: «Se eu não o fizer – quem o fará? E se eu não fizer agora mesmo – quando, afinal?».

O valor da vida e a dignidade humana[1]

1946

Kant disse certa feita que cada coisa tem seu valor – o homem, no entanto, tem sua «dignidade». Desta moralidade aparentemente válida *ad aeternum* – e aparentemente sempre eficaz –, a humanidade tem se desviado cada vez mais, mais do que nunca desde a época de Kant. A dignidade humana foi progressivamente substituída pelo mero valor utilitário do ser humano. No homem, cada vez mais se via apenas um meio para alcançar um fim. Especialmente no contexto do capitalismo, que nesse ínterim se tinha desenvolvido, o homem tornou-se cada vez mais «reificado» (para continuar com a antítese kantiana «coisa-homem») e, assim, degradado – processo que finalmente levou, para usar uma expressão comum no campo da arte, a uma nova objetividade que há muito envelheceu e que deveria ter dado lugar a uma nova humanidade. Com o capitalismo, outro fator foi acrescido: a *idolatria à economia*. Para o capitalismo o homem não é, em última análise, mais do que um meio de produção. Ele é desumanizado, é degradado a um algo que – como parte de uma massa – tem de servir à produção em massa. Assim, a perda do valor da personalidade segue

---

(1) Catálogo da exposição «Niemals vergessen! Ein Buch der Anklage, Mahnung und Verpflichtung», Viena, Jugend und Volk, 1946, pp. 51-53.

acompanhada pela *massificação do ser humano* – a formação de um proletariado (agora também a ser entendido em um sentido psicológico).

Teoria e prática, ideologia e política, imagem substancial e noção de valor, todavia, adaptam-se umas às outras. Assim, podemos entender que a negação da *liberdade metafísica* do homem anda de mãos dadas com a privação de sua *liberdade política*. E isso nos permite igualmente entender que, no campo das ideias, o sistema econômico capitalista encontra seu equivalente no naturalismo. Por conseguinte, em sua perspectiva, o homem nada mais é do que: um produto das mais variadas condições, cada qual determinada por circunstâncias econômicas, ou somáticas, ou de qualquer outra espécie, mas nunca como ser dotado de liberdade interior.

A visão naturalista de mundo levou, após a idolatria ao econômico, à *idolatria ao biológico*. Doravante a vida, e a vida no sentido biológico, passou a ser o um e o todo, o propósito último de tudo, um fim em si mesmo, o sentido de si própria. O fato de que a vida, por causa disso e precisamente por causa disso, deve realmente parecer sem sentido não foi levado em consideração. No entanto, visto que, pelas razões mencionadas, tenha surgido a massificação, o pensamento coletivista, o biológico se estendeu agora também ao coletivo e ocorreu uma mudança do conceito de biologia; a partir daí, o fundamento biológico, alçado à categoria de princípio supremo, foi estendido ao conjunto de toda a nação. Agora não conta mais a vida como tal, mas a vida da raça. Nesse contexto, soa como pilhéria da história que o objetivo final de todas as aspirações humanas se tenha convertido em «massa» genética ou hereditária, já que o termo «massa» se refere tanto à massificação do homem quanto à idolatria à biologia (hereditária). Mas agora também compreendemos melhor o caminho ideológico que levou do capitalismo ao nacional-socialismo pelo fascismo e, portanto, às ideias de racismo – ou, para usar as palavras proféticas de Grillparzer, o caminho do ser humano «da humanidade à bestialidade, passando pela nacionalidade».

Que efeito teve tudo isso na prática? A que consequências práticas isso deve levar? Já as conhecemos e, após a nossa tentativa analítica de expor suas raízes, só precisamos passá-las em revista. O que aconteceu, por exemplo, à dignidade da maternidade? Transformadas em *máquinas reprodutivas* – máquinas reprodutivas a serviço de uma *máquina de guerra* perdulária e programada –, mães tiveram sua dignidade aviltada e assaz desvalorizada. Ou que valor – dentro do aspecto exclusivamente biológico – deveria ter a vida de doentes mentais incuráveis – ou de qualquer pessoa doente – ou mesmo de pessoas idosas? Tinha-se tornado «indigna». O extermínio dessas pessoas nada mais foi do que uma consequência, a consequência de um biologismo consistente. Quem se importava se *médicos viravam juízes*, juízes da existência ou não existência de outras pessoas – ou mesmo algo muito pior: não só juízes, mas também *carrascos*...

Não é este o lugar para provar que o que se fez passar por morte digna e organizada poderia ser explicado como o mais inescrupuloso assassinato em massa. Para um médico conscientemente responsável, em todo caso, só havia uma alternativa: ele – que há muito se tinha transformado pela ordem social capitalista em fantoche de uma medicina cujos interesses mostravam-se alheios à sua condição – tinha agora de ser ou o servo do carrasco, ou um sabotador de seu trabalho. Todos nós ainda temos impregnados em nossos ossos aqueles terríveis momentos em que o menor dos males consistia em ver-se forçado a escrever, todos os dias, certificados falsos a fim de salvar vidas de enfermos.

A exploração do «valor de utilidade» dessas pessoas que tinham sido despojadas de sua dignidade humana não cessou nem mesmo com os «merecedores de morte» – até eles foram explorados: os campos de extermínio foram precedidos, por assim dizer, por campos de trabalho! Escusado será dizer, contudo, que nas duas categorias de campos os prisioneiros foram igualmente abusados e utilizados como cobaias para experimentos. Estou bem ciente de que ainda hoje a opinião pública duvida da veracidade plena e pura que os relatórios mostram; até eu teria duvidado se não tivesse certa vez encontrado – no campo de concentração – um camarada que, quando tive de improvisar seu exame médico, me mostrou as cicatrizes que ficaram após uma castração a que fora submetido em Auschwitz, descrevendo então outras experiências que também haviam deixado cicatrizes. Não obstante, dezenas de gêmeos devem suas vidas à ira experimental do médico sênior da SS de Auschwitz: esta foi para eles a única maneira de escapar às infames seleções (à triagem daqueles aptos ao trabalho e à transferência do resto «para a câmara de gás»).

A vida «indigna» de ser vivida e os seres humanos que se consideravam apenas «dignos» de morte valiam tão pouco para o nacional-socialismo que nem mesmo mereciam uma bala, mas no máximo o Cyclon B... No entanto, como se sabe, os cadáveres eram úteis, uma vez que forneciam cabelos para forros de colchão e gordura para sabão.

Seria, estou firmemente convicto, superficial e errôneo querer culpar determinado povo, ou mesmo um determinado partido, pela negação excessiva da dignidade humana e a consequente idolatria ao valor da vida. Pelo contrário, evitar a repetição desses excessos na história exige antes que vejamos esse perigo como um perigo que espreita o ser humano – cada pessoa de cada nação e em todos os momentos! Assim, o fascismo do passado é uma advertência para toda a humanidade, e esta advertência é uma admoestação à política do presente; e para essa política, contudo, existe apenas uma esperança: a democracia do futuro. Pois o sistema político antidemocrático do fascismo mostrou-nos por que e para que abismo deve conduzir essa seleção negativa dos gângsteres pelos gângsteres que está ligada à ditadura. Mas o funcionamento do sistema democrático pressupõe a presença de um espírito democrático, e a existência deste, por sua vez, depende de que as pessoas sejam educadas para isso. *Educação para a democracia*, no entanto, significa educação para a *responsabilidade pessoal*. A responsabilidade pessoal, por seu turno, é sempre ao mesmo tempo responsabilidade *social*: a pessoa responsável é responsável por si mesma e corresponsável, ou seja, responsável perante os demais e pelos demais! Essa pessoa não se prestará – nem a si mesma nem a outrem – a degradar o ser humano a um ser de massa com existência impessoal ou a uma criatura que vegeta sem sentido; mas se conhecerá como alguém que se encontra a serviço de uma causa suprapessoal e saberá que a dignidade de sua existência pessoal só pode provir desse serviço! Todavia, na luta contra a idolatria fascista à economia saberá também como se manter livre de cair nos mesmos erros, assim como tomará cuidado, na luta contra a idolatria fascista ao coletivo, para não expulsar o demônio recorrendo a Belzebu: desse modo, a democracia do futuro não voltará ao velho coletivismo partidário, mas fluirá para uma comunidade global de nações.

A análise existencial e os problemas da época[1]

28 de dezembro de 1946

Dedicado ao meu amigo Hubert Gsur, executado em 5 de dezembro de 1944.

O início da era moderna trouxe consigo o nascimento da ciência natural e sua aplicação prática, a técnica. Depois, no século XIX, chegou à maturidade. Devemos agora herdar o legado do século XIX: a ciência natural madura levou ao naturalismo e a técnica, a uma atitude utilitarista. Ambas se entranharam no homem, inculcaram-se nele, tornando-se para ele uma evidência – uma evidência, contudo, que dificultou significativamente sua compreensão do mundo e de si mesmo. Afinal, o homem vê a si próprio apenas como ser natural – segundo o credo naturalista – e concebe o mundo apenas como meio para um fim – em consonância com o credo técnico-utilitarista. Assim, submete o mundo por meio da tecnologia: no entanto, ao mesmo tempo que «subjuga» o mundo, torna-se uma «subjugação» de si próprio: um objeto! Chega-se então ao paradoxo de que o homem, ao «naturalizar-se», se desnaturaliza; e, ao entender a si mesmo como ser puramente natural, negligencia

---

(1) Palestra no Encontro Universitário Franco-Austríaco em St. Christoph am Arlberg.

sua autêntica natureza, seu próprio ser. Enquanto isso, por outro lado, ao degradar o mundo a mero meio – técnico –, o homem acaba por não reparar no possível e necessário objetivo final. Não é, pois, surpreendente que agora, no nosso século, esteja a ocorrer uma grande reviravolta: uma reflexão sobre o imediato! E tudo isso se dá necessariamente em um duplo sentido: numa reflexão sobre o próprio ser (a reação à perda de consciência do próprio ser) e num retorno ao sentido verdadeiro (a reação à perda de consciência do propósito final de toda a técnica). Mas no que consiste isso senão nas questões existenciais? Pois o que está agora em questão é o ser e o sentido.

A questão existencial em sua versão «moderna» – ou seja, como o «problema do homem moderno» – foi levantada pela primeira vez por Kierkegaard. O que ele, no século XIX, reivindicava tornou-se possível e realizou-se no século XX: a filosofia de vida de Bergson e a fenomenologia de Husserl e de seu discípulo Scheler pavimentaram o caminho e possibilitaram o surgimento da filosofia existencial contemporânea.

Após a Primeira Guerra Mundial, a filosofia existencial foi desenvolvida por Heidegger e Jaspers. A Segunda Guerra Mundial se encarregou de promover sua divulgação, atualizar seus questionamentos e, ademais, radicalizá-la ao extremo. Mas se nos perguntarmos a razão disso, temos de perceber que a Segunda Guerra Mundial sempre significou, desde o início, algo mais do que a mera experiência do fronte: para o «interior» urbano (que já não existia), trouxe a experiência dos abrigos antiaéreos e dos campos de concentração. Há muito tempo que o pensamento se encontrava longe de ser fiel ao postulado kantiano de que todas as coisas têm valor, mas só o homem possui dignidade. Pois era da natureza do sistema econômico capitalista a degradação do ser humano, dos trabalhadores, na medida em que os tornava pouco mais do que um componente de máquina no processo de produção. Contudo, isso não representava de forma alguma o triunfo do utilitarismo técnico, conforme mencionamos antes. Por enquanto, apenas o trabalho do homem se tinha tornado mero meio. A guerra, por sua vez, transformou toda a sua vida em meio; a guerra degradou ainda mais o ser humano – fez dele bucha de canhão. O ponto culminante desse processo de degradação progressiva foi finalmente alcançado no campo de concentração. Pois aqui já não era apenas a força de trabalho ou a própria vida – a morte também se havia tornado meio. Porque, nos campos, o homem nada mais era do que uma cobaia. Em semelhante processo de degradação, evidencia-se um progresso: um progresso técnico. Inclusive, pode-se questionar se existe outro tipo de progresso ou se todo progresso é apenas técnico, impressionando-nos como progresso por excelência porque vivemos em uma era de tecnologia.

O que significa, então, a questão existencial? Com a pergunta acerca da existência, o homem questiona a si próprio – o questionamento existencial é a questão primeira do ser humano. Até que ponto podemos afirmar que esse questionamento foi impelido, nos últimos anos, mais longe do que nunca? Bem, durante esse tempo, tudo se tornou absolutamente questionável: dinheiro – poder – fama – felicidade – tudo isso derreteu ante o homem. Mas o próprio homem se havia fundido em um, havia queimado pela dor, ardido pelo sofrimento; se havia fundido com seu ser. O que havia derretido era tudo aquilo que se pode ter: dinheiro, poder, fama, felicidade; mas o homem «é», para além de tudo o que ele tem. O que restou foi o próprio ser humano, aquilo que é humano nele. Deste modo, o que esse tempo trouxe foi uma revelação do humano. Na caldeira infernal das batalhas, nos abrigos antiaéreos e nos campos de concentração, o homem conheceu a verdade: o fator decisivo em tudo e todos é o homem. Mas o que é o homem? Ele é o ser que sempre... decide. E ele decide continuamente o que é e o que será no momento seguinte. Nele pulsam as possibilidades de tornar-se um anjo ou um demônio. Porque o homem, tal como o conhecemos – e nós o conhecemos como talvez nenhuma geração antes –, é a criatura que inventou as câmaras de gás; mas é ao mesmo tempo o ser que entrou nas câmaras de gás, de pé e com *La Marseillaise* ou alguma oração nos lábios.

No entanto, se aceitarmos que o homem é uma criatura que decide sobre si mesma, então o homem começa precisamente onde o naturalismo diz que ele termina! Tomemos o biologismo como uma das formas do naturalismo; ele então nos diz que um ser humano é um «típico» pícnico, ou um «típico» astênico, ou um «típico» atlético; em qualquer um desses casos, no entanto, ele deve ser como é e não pode ser de outra forma. Ou tomemos, por exemplo, o sociologismo: segundo ele, o ser humano é um capitalista típico, ou um proletário típico, ou um pequeno-burguês típico; em todos os casos, de acordo com seu ser sociológico – que lhe é claramente atribuído –, terá esta ou aquela atitude mental. E parece inconcebível que se furte a esta determinação imposta pelo «tipo» a que pertence. Ou, por fim, consideremos essa amálgama de biologismo e sociologismo, esse, por assim dizer, biologismo «coletivo» que emerge no racismo: de acordo com ele, ou sou um «tipo nórdico produtivo», ou um «tipo mediterrânico imaginativo», ou um «tipo religioso do deserto». Em cada caso estou preso a este tipo e encadeado a ele, e em todos os casos sou fatalmente determinado pelo tipo a que pertenço.

Entretanto, não é de todo verdade que o ser humano só pode ser um «típico...», que só possa ser assim e não de outra forma. Conheci, em um campo de concentração, certo líder de campo[2], um membro da SS; e ele não era de modo algum um «típico homem da SS», mas alguém que usava seu próprio dinheiro para comprar, secretamente, medicamentos para os prisioneiros. E, por outro lado, no mesmo campo, conheci um capo – também ele prisioneiro – que espancava seus companheiros prisioneiros, inclusive os doentes. Finalmente conheci um oficial de alto escalão da Gestapo que, à noite, em casa com sua família, falava sobremaneira comovido sobre as deportações, enquanto a esposa irrompia em lágrimas. Ele implorou a alguns judeus com quem mantinha relações que sempre vociferassem contra ele, porque, assim que parassem de reprendê-lo, tornar-se-ia suspeito e tirar-lhe-iam o cargo – e, com ele, a chance de ajudar a aliviar o sofrimento onde quer que fosse possível. Todas estas pessoas poderiam ter sido representantes «típicos»

---

(2) No original, *Lagerführer*: oficial da SS designado para determinado campo de concentração. Distinguia-se e separava-se da posição de *Kommandant*. Os *Lagerführers* eram normalmente empregados em campos maiores, onde um campo principal dividia-se em um ou mais campos menores. Em Auschwitz, por exemplo: lá um único comandante supervisionava as atividades de três *Lagerführers* subordinados. (N. do T.)

de sua «raça» ou de sua função social; no entanto, não o foram e escolheram ser «atípicas». Podemos então dizer: não existem tipos que determinem inequivocamente o comportamento humano. Nesse sentido, pois, não existem quaisquer raças; ou então existem apenas duas «raças» – a raça de pessoas decentes e a raça de pessoas indecentes. Essa diferenciação permeia todos os tipos. Tanto o biológico quanto o psicológico e o sociológico. E seria de se desejar que a humanidade se conscientizasse do vínculo que há entre todas as pessoas decentes, para além de todas as raças e tipos; e que, tal como o judaísmo outrora legou ao mundo o monoteísmo, a doutrina de um único Deus, o monantropismo também venha a ser dado ao mundo, como a doutrina de uma única humanidade.

Mas as pessoas decentes, sabemos mais do que nunca, são uma minoria. Talvez sejam sempre isso, uma minoria perpétua, e fadada ao fracasso. Este pessimismo, porém, não precisa fazer de nós uns fatalistas. No passado, o ativismo estava ligado a um otimismo, a uma crença no progresso. Hoje, no entanto, parece que a crença em um progresso que se impõe, em um desenvolvimento automático superior, paralisa nossa atividade e entorpece nossa consciência. Há muito que nos distanciamos dessa crença no progresso; tornamo-nos pessimistas porque sabemos do que o ser humano é capaz. Mas se antes dissemos que tudo depende do ser humano, então devemos acrescentar: tudo depende de cada ser humano, de cada indivíduo! Precisamente porque pessoas verdadeiramente humanas são uma minoria, cada uma delas é de suma importância. E dependerá de sua determinação pessoal lutar, de sua vontade particular fazer sacrifícios, se não quiserem tornar-se cúmplices da repetição dos sacrifícios em massa de seres humanos. Portanto, essas pessoas não pouparão o sacrifício de sua vida pessoal. Pois o que seria esta vida se tivesse um valor em si mesma e se todo o seu valor não consistisse justamente no fato de poder ser dada por outra coisa? Especialmente nos campos de concentração despontava esta transcendência essencial da vida, este seu apontar «intencional» para além de si mesma. Pois mesmo que a questão basilar da maioria fosse: será que vou sobreviver? – porque, se não, o sofrimento não teria qualquer sentido –, havia sempre outros cuja pergunta era diferente: terá este sofrimento, ou mesmo esta morte, um sentido? – porque de outro modo também não haveria razão para sobreviver; pois uma vida que depende das graças do acaso, da possibilidade de alguém «se safar» ou não, tal vida não poderia ter sentido e nem valer a pena ser vivida, mesmo que se safasse com ela. Assim, por trás de toda a aparente falta de sentido do sofrimento e do sacrifício nos campos de concentração, revelava-se a existência de um sentido incondicional que incluía também o sentido do sofrimento, do sacrifício e da morte.

Falamos antes que tudo dependia do indivíduo. Como tal, ele também se retira de qualquer organização. E, no entanto, pontes estreitas levam de uma a outra, e são essas pontes que suportam e sobre as quais se move o espírito do tempo – que é o espírito do futuro. Foram, ademais, essas pontes que nos uniram aqui, procedentes de diferentes países. É assim que seres humanos de todos os lugares se reúnem através das fronteiras. E tudo o que resta é desejar que o ser humano – se é verdade que ele está «politizado» hoje em dia – não seja apenas politizado no sentido das políticas partidárias, mas que se torne cosmopolita. E isso seria tanto mais importante porque se pode ver em todo o lado que a humanidade recua, por assim dizer, da vida pública e política para a vida privada. A repulsa à política se apodera das pessoas decentes, que, por outro lado, tendem envergonhadas a ocultar sua decência em pequenos círculos. Numa época em que a palavra «idealista» quase se tornou palavrão, as pessoas tendem a encerrar-se entre quatro paredes com sua bondade. Não nos deveria surpreender, então, o tipo de jovem traficante que, sem nenhum escrúpulo social, negocia no mercado negro a fim de tornar possível uma vida melhor para os seus, e não apenas para si próprio. O asco à política, porém, tem como um de seus principais motivos o fato de que a política partidária, presa a programas de partido e a táticas de luta, sujeita-se ao utilitarismo, isto é, ao ponto de vista de que os fins justificam os meios – ponto de vista este que se manifesta tanto no oportunismo dos dirigentes partidários quanto no conjunturalismo dos militantes desses partidos. Acima de tudo, contudo, o desgosto de muitas pessoas decentes ante as engrenagens político-partidárias decorre de um indizível cansaço da propaganda. Toda a propaganda tem sido desacreditada nos últimos anos. O que resta, portanto, só pode ser uma coisa: a propaganda do exemplo!, que se encontra nas mãos do educador. E, para além disso: a propaganda do diálogo – do diálogo de pessoa para pessoa, *in camera caritatis*, seja no diálogo entre padres e fiéis, seja – tendo em conta a «migração da civilização ocidental desde o pastor espiritual para o psicoterapeuta» (Victor E. von Gebsattel) – no diálogo entre o neurologista e o seu paciente.

No início, falamos da reflexão existencial do ser humano sobre seu verdadeiro ser, no sentido de estar livre das dependências aparentemente totais do homem tais quais estipuladas pelo naturalismo das leis biológicas, sociológicas e fisiológicas do «tipo» a que pertence. Se agora falarmos mais sobre essa liberdade humana essencial, será preciso então confrontá-la com sua contraparte dialética, o fatídico, ou seja, aquilo que se opõe à minha liberdade, tanto no sentido do destino em mim como do destino à minha volta. Este último é, antes de mais nada, o material, e o «material» no sentido amplo da palavra, isto é, no sentido do «econômico». Trata-se aqui da situação econômica do homem. Finalmente, há a questão de seu destino externo, de sua situação social – tal como a concebe o sociologismo – como determinante exclusivo da existência humana. Encontramo-nos, portanto, diante do problema do materialismo histórico, segundo o qual as condições materiais, isto é, econômicas, bem como sua posição social, a «existência» social do homem, determinam sua consciência de forma inequívoca e unívoca. Será agora verdade, queremos perguntar-nos, que o ambiente (social) tem o poder da formação do caráter, de modo a que o homem seja completamente dependente dele, e não apenas psicologicamente influenciado – dominado, enfim? Tomemos, por exemplo, aquelas mudanças de caráter que o caracterologista Utitz pensou ter observado em muitos detentos dos campos de concentração. Tal como as interpretou, tratava-se de uma mudança na estrutura do caráter em direção ao tipo esquizoide (como Kretschmer o denomina): os prisioneiros tornavam-se cada vez mais irritáveis e apáticos. O que temos de notar, contudo, é que cada um desses condenados – comprovadamente – ainda tinha liberdade interior para resistir a essas deformações de caráter apenas aparentemente necessárias, externamente condicionadas; uma e outra vez verificou-se que também havia prisioneiros que conseguiam suprimir a irritabilidade e superar a apatia. Essa liberdade interior, mesmo perante as influências que pareciam avassaladoras por parte do meio, é o que o homem possui até seus últimos estertores; e, mesmo que tudo pudesse ser retirado ao prisioneiro do campo, ele a mantinha. Seja qual for o destino que lhe tenha sucedido, a liberdade de se ajustar ao destino de uma maneira ou de outra não pode ser perdida; e houve um «de uma maneira ou de outra», mesmo no campo de concentração. [...]

Mas não queremos ser injustos com o marxismo ao afirmar que, segundo ele, as condições externas, econômicas e sociais determinam de forma exclusiva e inequívoca o homem e sua consciência. Quem quer que sustente isso não é pura e simplesmente marxista, mas apenas um marxista vulgar. Pois mesmo o marxismo doutrinário admite que a relação de dependência entre a existência social e a consciência humana não é apenas unilateral, mas que há também uma reação da consciência sobre a existência social. Que a posição social determina inequivocamente a consciência de classe é, por conseguinte, apenas metade da verdade marxista. Continua inteiramente de acordo com o pensamento marxista acrescentar que, inversamente, a consciência de classe também influencia a situação social e o desenvolvimento político. Se, no entanto, algum marxista nos repreender com o fato de que o ser humano depende inevitavelmente, de maneira inequívoca e exclusiva, da infraestrutura econômico-social, então basta perguntarmos a este marxista que direito ele tem então de falar de uma «educação para a consciência de classe». Porque a educação pressupõe sempre a liberdade, em especial a liberdade de mudar e de «assumir as rédeas do próprio destino»[3] – incluindo o destino social ou histórico. Assim, vemos que a liberdade, entendida como meio de luta política, é também

---

(3) Logo, não estamos de modo algum esquecendo o fator social. Nem sequer em relação ao surgimento das neuroses desconsideramos os componentes sociais. Todavia, o psicoterapeuta enquanto tal não pode fazer uma revolução – o que pode influenciar é apenas a atitude do paciente em relação ao seu destino social. Uma mudança assim, contudo, irá certamente beneficiar o paciente não só em sua vida pessoal, mas também em sua postura política. (Nota do original.)

pressuposta tanto no socialismo quanto no marxismo. Mas perguntemo-nos agora se a liberdade não é também implicitamente reconhecida no objetivo político último do socialismo? E depressa descobrimos que a liberdade está de fato contida naquele estado ideal de uma comunidade cuja criação constitui o significado de toda a política socialista.

É certo que um tal conceito de comunidade está muito longe do que se poderia chamar de «zoologia política». Basta tomardes esta palavra literalmente e compreendereis o que isso significa: a imagem do ser humano como puro *zoon politikon*[4]! A ideia do homem como alguém cujo estar em sociedade seria próprio de criaturas, de animais! Mas não é este o caso; pelo contrário, toda comunidade humana verdadeira contém um livre compromisso com ela – o homem não é simplesmente um escravo da comunidade, não está subordinado ou preso a ela como o animal, mas decide fazer parte em prol dela! Nesta decisão, contudo, está o momento da liberdade, e por isso vemos que existe uma relação fundamental entre a liberdade do indivíduo e a comunidade humana.

Ademais, uma tal versão da ideia de comunidade humana como comunidade fundada na liberdade subtrai o totalitarismo da «coletividade», o qual, no fundo, não significa de modo algum uma comunidade autêntica, mas um mero coletivo. A velha questão de saber se o indivíduo ou a comunidade vem em primeiro lugar é bastante pueril – e talvez só seja colocada porque, aparentemente, a humanidade ainda está na puberdade. Nós, no entanto, consideramos que existe, para além da relação fundamental entre liberdade e comunidade, uma relação dialética real entre o indivíduo e a comunidade. De tal forma que poderíamos formular: só a comunidade garante o sentido de individualidade dos indivíduos; mas também: só a individualidade percebida pelos indivíduos garante, inversamente, o sentido de comunidade. Isso, e somente isso, é o que distingue a comunidade do mero coletivo, ou mesmo das massas. Pois, no coletivo, o homem não só deixa de ser um indivíduo, mas se torna em geral desumano; como homem, perece no coletivo. Porque

---

(4) Em grego no original: «animal político». (N. do T.)

para o coletivo ele só tem «sentido» como um dos muitos elementos produtivos. Aonde isso, contudo, acaba por levar, vimos por completo na eugenia perpetrada pelo Estado nacional-socialista, em que a vida não mais produtiva era considerada, desde o início, «indigna de ser vivida» e, como tal, digna de ser extirpada. Ao mesmo tempo, tudo o que é realmente humano em termos de valores, tudo o que torna os homens valiosos para além de sua produtividade e torna sua existência humanamente digna, deixou de ser visto.

Averiguamos assim, no decorrer do parágrafo acima, que a liberdade humana, mesmo para um marxismo bem compreendido, é sempre, tanto na condição de meio como na de objetivo final, um pressuposto. Ou, em outras palavras, que o socialismo nunca pode renunciar à liberdade – nem como *socialismus militans*, nem como *socialismus triumphans*. E assim, no decorrer da investigação do problema do materialismo histórico, ao desvendar o momento da liberdade, teríamos contribuído para completar sua volta em direção ao socialismo pessoal.

Agora chegamos ao ponto em que não devemos mais confrontar a liberdade com o fatídico «ao nosso redor», mas com o (aparentemente) fatídico em nós mesmos. O destino interior, todavia, é representado antes de tudo por aquilo que comumente chamamos de predisposição. Isso nos leva para o meio de uma crítica do biologismo – após termos de lançar uma luz crítica sobre o sociologismo; pois as predisposições do ser humano representam suas características biológicas, tanto no sentido das «herdadas» da família quanto no das características nacionais ou das inclinações caracterológicas. A este respeito, devemos enfatizar desde o início o seguinte: todas as predisposições humanas são, na verdade, fatais e, como tal, escapam à sua liberdade e à sua responsabilidade; mas em si mesmas ainda não são de modo algum de valor neutro ou ambivalentes. São meras potencialidades – cuja concretização se dá apenas por meio de uma espécie de decisão pessoal. E só a concretização das potencialidades interiores dentro e por meio do indivíduo transforma as predisposições, que inicialmente e por natureza têm valor neutro, em algo valioso ou indigno, em virtude ou vício. E assim chegamos ao cerne do problema da culpa coletiva. Aqui, porém, temos de fazer uma distinção rigorosa entre três coisas. A «culpa coletiva», pois, tem três sentidos diferentes – embora, na linguagem atual, o termo quase nunca seja usado em um desses três. As três formas nas quais a culpa ou responsabilidade podem realmente ser coletivas são as seguintes:

1. A *culpa* coletiva – Antes de tudo, a chamada culpa coletiva pode ser entendida no sentido – e neste sentido também faz sentido – de responsabilizar os membros de determinado coletivo em sua totalidade, ou seja, coletivamente, pelas consequências de algo que foi cometido pelo coletivo como tal. O fato de que faz sentido falar dessa responsabilidade coletiva, mesmo que o indivíduo não seja pessoalmente responsável, pode ser ilustrado da seguinte maneira: se, por exemplo, eu tiver de me submeter a uma apendicectomia – por cuja necessidade certamente não posso ser responsabilizado –, não sou «culpado» de ser afligido por uma apendicite, mas ainda «devo» ao médico que me operou os seus honorários e serei «responsável» pelo pagamento. Do mesmo modo, um povo em sua totalidade, e assim também cada indivíduo entre seus membros, é responsável pelo fato de que teve de ser libertado da tirania e do terror por outras nações, de que outras nações amantes da liberdade tiveram de sacrificar sua juventude nos campos de batalha a fim de libertar todos esses indivíduos inocentes, que não foram capazes de fazê-lo eles mesmos, que estiveram demasiado impotentes para fazê-lo – tal e como eles próprios não cessam de repetir. E eu também, embora não seja pessoalmente culpado de que a nação a que pertenço tenha cometido crimes em escalas mundiais, sou corresponsável pelas consequências desses crimes.

2. Culpa por adesão a um coletivo – Se eu tiver aderido a um coletivo – por exemplo, a um partido –, então também posso, até certo ponto, ser pessoalmente culpado: torno-me cúmplice de quaisquer crimes que foram cometidos por este partido conforme seu programa. Mas, primeiro, não se adere a uma nação... Portanto, não devo de modo algum ser responsabilizado por pertencer fortuitamente a uma nação que, por exemplo, declarou uma guerra criminosa. Segundo: mesmo assim, se eu me filiei a um partido e,

portanto, tornei-me cúmplice dos crimes que esse partido cometeu; permanece em aberto se, e em que medida, posso provar que o fiz sob pressão e se esta filiação, pela qual estou sendo responsabilizado, foi mais ou menos forçada, involuntária e, por conseguinte, algo que ultrapassava minha liberdade e responsabilidade. Bem, pode não ser fácil decidir sobre esta questão em um caso particular. Mas, de todo modo, apenas aquele que pode mostrar que ele próprio resistiu à pressão e à coerção é capaz de arrogar-se o direito de julgar os outros e culpá-los por não fazerem o mesmo. *Somente aquele que preferiu ir a um campo de concentração em vez de ceder à pressão teria o direito de acusar os que se submeteram.* É muito fácil para quem não estava na mesma situação da pessoa incriminada, alguém que, por exemplo, estava seguro no exterior, exigir de outros heroísmo ou mesmo martírio, ou ainda acusá-los de fraqueza e covardia.

3. A *responsabilidade* coletiva – Por fim, e isso pode dar origem a mal-entendidos, a culpa coletiva também pode ser entendida como responsabilidade coletiva, segundo a qual cada indivíduo é de alguma forma corresponsável pelos outros – «um por todos», é o que se costuma dizer. Mas então também temos de acrescentar: «e todos por um»! Se é verdade que todos são realmente corresponsáveis por todos, então todos deveriam ser também responsáveis por todos! E aqui é altamente inapropriado aquele farisaísmo segundo o qual uma nação é considerada mais importante que as outras. Admitamos: cada ser humano e cada indivíduo, assim como cada povo, «estão» simplesmente acompanhados pelo mal. E este acompanhamento, para usarmos um termo musical, é realmente um acompanhamento «obrigatório»: o mal é onipresente! Se vimos nos últimos anos o que o homem é capaz de fazer, também aprendemos que todo indivíduo é capaz disso. É certo que o mal não se torna realidade em todos; mas é inerente a todos, pelo menos como possibilidade; e como possibilidade o mal não estava apenas em todos, mas está e continuará a estar. Não acreditemos nisso de que o diabo se apoderou de uma nação ou de que ele monopolizou este ou aquele partido. E quem pensa que foi o nacional-socialismo que criou o mal também se engana: isso seria superestimar o nacional-socialismo, pois ele nunca foi criativo – nem mesmo para o mal.

O nacional-socialismo não criou o mal: apenas o fomentou – como talvez nenhum sistema antes: fomentou-o por meio de uma seleção negativa, dando à luz, pela «propagação persistente do mal», o poder do mau exemplo.

Mas devemos agora reverter os papéis? Devemos agora fazer «o mesmo» ou, como se deve dizer, transformar o marrom em preto ou vermelho? Devemos fazer a mesma coisa repetidas vezes e apenas mudar os símbolos? Conheço um jovem a quem certa vez perguntaram se gostaria de se servir de uma bebida; e, em sua inépcia linguística, esse rapaz disse: «Não, obrigado, eu sou antissemita para com o álcool». Isso é o que alguns dos *ismos* de hoje parecem: não se é mais antissemita no sentido real e original, não se é mais antissemita com os «semitas», mas um «antissemita» com algo mais, com outra coisa. Quer-se lutar contra o sistema com os mesmos meios do sistema contra o qual se está lutando. Disto, porém, surge uma contradição interna, não muito diferente da que estaria contida em um uma «associação dos opositores do associacionismo». E, se antes dissemos que só o símbolo era distinto, então poderíamos dizer agora com a mesma razão: o prefixo permaneceu o mesmo – a saber, o «anti»! Desta forma, mais uma vez, nasce apenas uma palavra de ordem. Mas de palavras de ordem já deveríamos ter o suficiente. Pois agora não só vimos como isso pode atingir e golpear uma pessoa; vimos mais: vimos uma nação inteira em seu colapso... atingida por palavras de ordem.

O que é necessário agora é quebrar a cadeia do mal; não para novamente pagar com a mesma moeda, retribuir o mal com o mal, mas antes para usar essa chance única que agora se tem de superar o mal precisamente evitando sua perpetuação, não aderindo ao «olho por olho e dente por dente». Para quem tenta com essas palavras trazer o Antigo Testamento para o debate, poderíamos contrariá-lo citando do mesmo livro uma parte que substancia nosso ponto de vista – a história de Caim. É verdade que a maioria das pessoas, quando perguntadas por que o sinal de Caim foi usado, acredita que Deus quis estigmatizar Caim a fim de chamar a atenção de outros para este primeiro assassino. Longe disso, porém: se lermos com atenção, descobrimos que Caim, depois que Deus lhe impôs a expiação, objetou que, expulso para uma terra estrangeira, agora seria morto; e para evitar isso foi-lhe colocada a marca de Caim – em outras palavras, precisamente para que as pessoas não o prejudicassem mais, não matassem mais, ou seja, não respondessem a um homicídio com outro homicídio. E realmente: o assassinato de Caim, tal qual expressamente escrito, deveria ser punido mais severamente do que o assassinato de Abel por Caim. Era esse o propósito da marca de Caim, e só assim foi possível não perpetuar o fratricídio.

Voltemos agora à questão inicial de se, e até que ponto, existe algo como uma «responsabilidade» coletiva – na qual não podemos mais falar de «culpa». Na verdade, tendo em vista tudo o que foi dito, poderíamos formulá-la da seguinte forma: na medida em que existe uma responsabilidade coletiva, ela só pode ser planetária.

Uma mão não deve gabar-se de não ser ela, mas a outra, aquela que foi acometida por uma úlcera; pois é sempre o organismo inteiro que está doente. E é por isso que uma nação não deveria regozijar-se por não ter sido ela, mas a alemã, a que sucumbiu ao nacional-socialismo, pois foi toda a humanidade que ficou doente.

Podemos ver, então, como uma avaliação crítica do problema da culpa coletiva nos leva à ideia de uma responsabilidade planetária.

Todavia, não é apenas o biológico em mim, as predisposições, o que constitui meu destino interior – como algo com o qual minha liberdade tem de lidar. Além do sociológico e do biológico, o psicológico também se relaciona com o destino. E o destino psicológico que se encontra em mim é o «id» (Freud). Pois o «id» é o que essencialmente se opõe ao ego e à sua liberdade; o «id» impele – mas quem ele impele? Perguntamos, portanto, sobre o objeto no sentido gramatical. E a resposta da psicanálise é: o «id» impulsiona o «ego». No entanto, o «ego» também se torna objeto no sentido psicológico! E o faz a tal ponto que, da perspectiva psicanalítica, seu caráter de sujeito parece ter desaparecido; de fato, mesmo o «ego» é, em última análise, concebido como algo construído por impulsos («impulsos do ego»). À concepção psicanalítica do ser humano como ser que se move essencialmente por impulso opomos a ideia de Jaspers segundo a qual o ser humano é um «ser que decide» – um ser que não só é, mas também decide o que é. Falamos da existência humana como uma existência responsável, e isso precisamente em razão da liberdade como elemento essencial do homem.

Ademais, a relação entre liberdade e responsabilidade se manifesta no fato de que a liberdade não é apenas liberdade «de», mas ao mesmo tempo liberdade «para» – e a assunção da responsabilidade constitui precisamente aquele «para o quê» o ser humano é livre. Por essa razão, temos de opor à psicanálise de Freud uma análise da existência humana como existência responsável. Esse «modo de ser» (*Seinsweise*) do ser humano, no entanto, que tem sua razão última e tangível no fenômeno de ser responsável, é chamado de existência. Disso se segue que a psicanálise deve ser uma análise existencial, uma análise da existência humana além da mera pulsão. Poder-se-ia objetar que a existência não pode ser analisada, mas, na melhor das hipóteses, «elucidada». Contudo, já há muito tempo que não entendemos a análise no sentido da concepção atomística de Freud. Ao contrário, usamos a palavra *análise* no sentido de destacar o que já está implícito na natureza da existência.

A liberdade, no entanto, que a análise existencial entende e apresenta como base da responsabilidade essencial do ser humano, mesmo nos modos neuróticos de existência, é sempre integral: mesmo quando sou «impulsionado», mesmo lá, de alguma forma ainda está presente, pois... sou eu mesmo que se deixa levar! A renúncia à liberdade e ao uso dela é em si uma renúncia voluntária. A abdicação do «ego» em relação ao «id» é voluntária. Daí decorre que a liberdade é capaz de se opor às «potências demoníacas» supostamente tão dominantes na pulsão inconsciente; de fato, toda pulsão é, portanto, desde o início, sempre uma pulsão moldada pelo Eu. Dessa forma, quando alguém pergunta como é possível que o «eu» possa definitivamente se afirmar contra os «demônios», está precisamente desconhecendo a natureza existencial da liberdade do «eu». O psicologismo, contudo, caracteriza-se por projetar os fenômenos espirituais, desde seu «espaço» espiritual até o nível do meramente psicológico. Nessa projeção, tornam-se porém ambíguos; e, sem referência ao conteúdo espiritual, com simples referência ao ato mental, não se pode mais determinar se correspondem a uma realização cultural ou a um sintoma psicológico. Assim como uma figura circular em um plano é ambígua, na medida em que a projeção de ambos pode ser tanto a de um círculo bidimensional como a de um cilindro, uma esfera ou um cone tridimensional, não é mais possível distinguir entre um Dostoiévski e qualquer outro epilético no plano psicológico. Consequentemente, a projeção psicológica priva nossa análise de toda uma dimensão: a do espiritual. No entanto, a mera objetivação do ser humano nos faz perder a dimensão na qual este «é»! Porque, no momento em que transformamos o «eu» em objeto, esquecemos seu verdadeiro caráter. Essa é também a contradição interior do behaviorismo, que confere ao comportamento livre do ser humano a condição de fato – um fato em si mesmo!

Nunca devemos esquecer: toda objetivação do ser humano atinge apenas o «ser-assim» (*So-sein*), mas não o «ser-aí» (*Da-sein*). O *Dasein*, todavia, não coincide com o *Sosein*, não é um ser-assim, mas sempre também um «ser capaz de ser diferente». O *Dasein* está sempre além de seu próprio *Sosein*; a existência humana nunca é completamente desfeita em sua própria facticidade – ser humano não significa ser factual, mas ser facultativo! A psicanálise, porém, por sua atitude fundamentalmente psicológica e objetivadora, perde de vista a existência humana, pois visa sempre e somente o psicológico em sua facticidade e, assim, se priva da visão do que é existencial em sua possibilidade. Em nossa breve investigação, no entanto, tentamos apontar o caminho necessário que, segundo nossa concepção de ser humano, nos permite ver sua existência como o modo de ser verdadeiramente humano – em outras palavras: o caminho que leva da psicanálise à análise existencial[5].

Ex definitione, a análise existencial aponta para uma tomada de consciência da responsabilidade. Contudo, o homem tem responsabilidade em vista de sua finitude. A finitude do ser humano,

---

(5) [...] Em muitos casos, as descobertas de Freud mantêm sua validade. Por exemplo, sua teoria do sonho permanecerá válida; no entanto, não sou eu quem sonha, mas é «ele» que me sonha – e, dentro da dinâmica do «id», a teoria psicanalítica ainda se aplica. Deve-se notar, a propósito, que o efeito terapêutico na psicoterapia – no interior da psiquiatria em geral, na verdade – não prova a exatidão dos pressupostos teóricos. Certamente a psicanálise é eficaz, mas é provável que o seja porque contém um apelo tácito ao «ego» livre e responsável, que ele também pressupõe. O tratamento de choque insulínico da esquizofrenia também parte de pressupostos teóricos insustentáveis e, apesar disso, tem se mostrado eficaz. (N. do A.)

porém, se encontra sobretudo na temporalidade de sua existência. Confronta-nos, antes de tudo, como mortalidade. Mas sabemos que é precisamente ela que constitui a responsabilidade do homem; porque se ele fosse imortal poderia, justificadamente, deixar passar todas as oportunidades de realização, pois não teria interesse em fazer algo no momento – poderia muito bem fazê-lo algum tempo depois. Somente em vista da finitude temporal de nossa existência é possível apelar para que a responsabilidade humana alcance sua plenitude, como com o seguinte imperativo: *Age como se vivesses pela segunda vez e, na primeira vez, tivesses feito tudo tão errado quanto estás prestes a fazer agora.*

Não se trata, porém, tanto da morte e do que o homem tem diante de si, mas do que ele traz consigo e vem a fazer. Trata-se de responsabilidade ante a transitoriedade! Pois mesmo essa transitoriedade não é nada que possa paralisar o senso de responsabilidade. Muito pelo contrário. O que é transitório são apenas as possibilidades de colocar os valores em prática; mas, ao realizá-los, nós os salvamos na realidade – na realidade de ser passado! Pois no passado, de acordo com o duplo sentido que Hegel dá à palavra *aufheben*, eles são preservados. Porque estar no passado é talvez a maneira mais segura de estar que existe, pois o que passou nunca pode ser erradicado do mundo; mas não é precisamente responsabilidade nossa criar no mundo essa possibilidade?

Já designamos a responsabilidade como o «para quê» da liberdade. Agora, no entanto, surge a última questão: a questão sobre o «diante de quê» da responsabilidade. E a isto a análise existencial fica devendo resposta: a questão permanece aberta. A análise existencial a deixa aberta, assim como deixa aberta a porta para a transcendência. Pois ela só pode ser um objeto da análise existencial como método primariamente psicoterapêutico a fim de mobiliar, por assim dizer, a sala da imanência – claro, sem que a porta da transcendência seja bloqueada no processo. Na transcendência, porém, está... o absoluto. E o absoluto permanece na transcendência. O transcendente nunca se encontra em uma dimensão na qual a análise existencial deve aventurar-se – talvez o absoluto não esteja em uma dimensão, mas... seja o próprio sistema de coordenadas. No entanto, mesmo uma análise existencial que, de acordo com sua tarefa, não pode aventurar-se no absoluto como tal deve preocupar-se em fazer ao menos uma coisa: assegurar que o relativo permaneça relativizado. Pois é provável que uma perspectiva *puramente* imanente, que não se dá conta de sua proximidade com o transcendente, seja, desde o início, uma perspectiva *distorcida*. E uma vez que a teologia tenha sido acusada de antropomorfismo, não queremos agora que a antropologia sofra censuras de ser teomorfista; isto é, que em nossa teoria da essência do ser humano – depois de relativizarmos o destino no sentido biológico, psicológico e sociológico – coloquemos sua liberdade absoluta acima de seu destino! Vemos, portanto, que mesmo quando o perigo do biologismo, do psicologismo e do socialismo foi afastado, ainda estamos sob a ameaça de um último perigo: o perigo do antropologismo.

Por conseguinte, a análise existencial como tal não responde à última pergunta; o lugar para onde ela pode levar o ser humano não é o último, não é a estação final. Mas... a partir dessa estação ele é capaz de ao menos obter uma «conexão direta» rumo à transcendência. Pois esta estação está, no fim das contas, «a caminho» do absoluto – o absoluto que só é apreendido na experiência religiosa.

O que importa para nós aqui é demonstrar que não pode haver contradição entre a experiência e a ação responsável da pessoa não religiosa e a da religiosa: a experiência religiosa, a dimensão religiosa, só pode dar-se em uma relação complementar[6]. Podemos ver isso muito claramente na forma como ambos, o não religioso e também o religioso, experimentam sua existência: um como mera tarefa e, portanto, como chamado à sua responsabilidade; o outro – só para completar – experimentando aquela instância que define a tarefa – a tarefa que agora é entendida como mandato divino.

Afinal, há também «no espaço da imanência», com o qual só a análise existencial tem de se arranjar, algo que poderíamos definir como o caso-limite de um «diante de quê» da responsabilidade: a

---

(6) Seria importante facilitar a relação entre as pessoas religiosas e não religiosas, destacando sua relação complementar (em vez de oposta). No plano das consequências práticas, deve haver um denominador e uma plataforma comuns; no espaço da imanência, religiosos e não religiosos podem assim se unir em ações conjuntas. (N. do A.)

consciência. A consciência remete a um além de si mesma e da imanência; vemos isso com clareza assim que a concebemos como uma espécie de instinto moral.

Se me propuser a fazer sacos de papel para embalar um produto, então precisarei de certa inteligência para isso, que é pelo menos tão baixa que posso confiar a tarefa a um dos pacientes que trato em um hospital psiquiátrico com ajuda da terapia ocupacional. Se, por outro lado, a tarefa que me propus é de construir uma máquina que produza automaticamente as sacolas de papel, então precisarei, em qualquer caso, de uma inteligência de um grau substancialmente diferente e superior para construí-la. Algo semelhante acontece com a chamada sabedoria dos instintos: há, como se sabe, uma espécie de besouro cujas fêmeas cortam pedaços de folhas de certa maneira (de acordo com uma curva «irracional», que causa dores de cabeça até mesmo aos matemáticos), as quais elas enrolam em saquinhos em que podem depositar seus ovos. Diante disso, não temos de nos perguntar: a realização de semelhante instinto «sábio» já é espantosa – quão incomparavelmente superior deve ser aquela sabedoria que, por assim dizer, fundou esse instinto? Assim, vemos que o instinto, incluindo o instinto moral, a consciência, aponta para uma transcendência que se encontra além de si mesma e da imanência.

Se falamos antes do homem religioso como alguém que, por assim dizer, experimenta mais, vê mais do que o homem não religioso – na medida em que também vivencia a entidade ordenadora –, então esta «superioridade» da experiência religiosa sobre a não religiosa não deve certamente ser convertida em arrogância. Ao contrário, a atitude do homem religioso com relação ao não religioso só pode ser razoavelmente uma: a tolerância. Afinal, a atitude natural de quem vê, em relação aos cegos, não é desprezo, mas compaixão e disposição para ajudar.

Mas falamos do religioso como se – em relação aos não religiosos – ele fosse quem vê, fosse o vidente. Isso está errado. E esse erro pode ser ilustrado pela seguinte parábola: se é verdade que as pessoas estão na vida como atores em um palco, então lembremos que o ator – ofuscado pelas luzes da ribalta –, em vez de ver o auditório e os espectadores, vê apenas um grande buraco negro. Ele nunca vê «diante de quem» está atuando. E não acontece algo semelhante com o ser humano? Ele também – ofuscado pelo «brilho» da vida cotidiana – não vê «diante de quem» está «carregando» a responsabilidade de sua existência (como o ator exerce seu papel): não vê diante de quem está atuando! E, no entanto, há sempre pessoas que pensam: exatamente ali, onde vemos «nada», exatamente ali está sentado o grande espectador, que nos observa sem piscar os olhos. São essas pessoas que gritam conosco: «Cuidado – vós estais diante de uma cortina aberta!».

Sobre a questão dos prisioneiros de campos de concentração perseguidos por motivos raciais[1]

1946

Expresso-me como pessoa privada, mas acredito que falo em nome de muitas outras. Não nos subestimeis: se queremos colaborar com a KZ-Verband, não é por interesse em cartões adicionais. Não nos preocupa nem um pouco o desfrute de quaisquer benefícios materiais – para nós, trata-se de cooperação.

---

(1) Viktor Frankl ministrou essa curta palestra em 1946 para a KZ-Verband de Viena. A KZ-Verband – cujo nome completo é Associação Austríaca de Combatentes da Resistência e Vítimas do Fascismo – foi fundada em 1945. Embora tenha sido concebida originalmente como iniciativa apartidária, a associação teve desde o início orientação predominantemente comunista. A atitude politicamente relevante da KZ--Verband foi fortalecida a partir do final dos anos 1940 com a cisão da Camaradagem de Perseguidos Políticos do Partido Popular Austríaco (ÖVP), de orientação social--cristã, e da União de Combatentes Socialistas e Vítimas do Fascismo, fundada pelo Partido Socialista Austríaco. Quando Frankl deu a seguinte palestra em 1946, no entanto, esses desdobramentos ainda não eram claramente previsíveis. O que Frankl aborda nesta palestra é a posição que a KZ-Verband deve assumir em relação às vítimas do nazismo que não foram perseguidas politicamente, mas por motivos raciais e étnicos.

Quantas vezes dissemos um ao outro, quando ainda estávamos no campo: «Não há felicidade na Terra que nos possa alguma vez compensar por tudo o que estamos sofrendo». Quantos camaradas dos principais campos de concentração olharam com piedade para os prisioneiros dos pequenos campos de judeus... Mas não queremos a piedade deles, queremos cooperação com eles.

Quem negaria que não estamos de todo na mesma linha dos combatentes políticos? Mas também nossos camaradas que eram racialmente perseguidos devem ser considerados vítimas políticas. Eles são, por assim dizer, os heróis e mártires passivos da política nazista. Por mais passivos que fossem, eram objeto do terror mais ativo e vítimas de uma política nazista que realmente cumpriu suas promessas.

Nós, sobreviventes entre essas vítimas, não podemos de modo nenhum viver isso com satisfação, mas apenas como obrigação. Temos de nos perguntar o que devemos aos camaradas e familiares daqueles que morreram assassinados e nas câmaras de gás.

Provavelmente não há maior solidariedade na Terra do que a solidariedade do sofrimento. E o que devemos fazer é: forjar, a partir dessa solidariedade do sofrimento, uma solidariedade de ação. O que queremos é transformar camaradas de sofrimento em camaradas de luta.

Muitos de nós, os poucos que retornaram dos campos de concentração, estão cheios de desapontamento e amargura. Desapontamento, porque nosso infortúnio ainda não cessou; e amargura, porque a injustiça perdura. Uma vez que nada pode ser feito a respeito do infortúnio que nos espera quando voltamos, tanto mais temos de agir contra a injustiça e despertar da letargia em que a decepção e a amargura ameaçam mergulhar muitos.

Em muitos casos, tem-se a impressão de que os prisioneiros dos campos de concentração, que foram rotulados com a bela palavra *KZ-ler*, são agora vistos como um fenômeno inoportuno da vida pública. Explico: o prisioneiro do campo de concentração é e continuará sendo contemporâneo enquanto houver um único nazista na Áustria, disfarçado ou – como voltamos a ver – abertamente. Somos a má consciência viva da sociedade. Nós, neurologistas, sabemos muito bem que as pessoas tendem a «reprimir», para usar a expressão de Freud, sua má consciência. Mas não nos vamos deixar reprimir. Formaremos uma comunidade de luta, uma comunidade apartidária, mas que conhece um oponente comum: o fascismo.

Pela última vez: a janela encoberta[1]

Abril/maio de 1946

Frankl escreveu o seguinte texto para um debate na revista de literatura e cultura *Der Plan*, editada por Otto Basil. Frankl se refere aqui a dois artigos publicados em edições anteriores da revista: «A janela encoberta», de Hans Weigel, e a réplica de Otto Horn a Weigel: «Mais uma vez "A janela encoberta"». Para melhor compreensão do texto a seguir, reproduzimos algumas passagens centrais da contribuição de Weigel e da subsequente crítica de Horn:

Como alguém «perseguido por motivos raciais» que teve de deixar sua casa e seu trabalho e cujos parentes pereceram em grande número em Theresienstadt e na Polônia, não sou suspeito de recorrer a uma tal declaração a fim de disfarçar qualquer tipo de propaganda nacional-socialista. Mas precisamente eu sinto, por causa dessa falta de suspeita, a urgente necessidade de falar algumas palavras em nome dos alemães. [...] Os austríacos sofreram nas mãos dos austríacos durante esses anos, os alemães também, nas mãos dos austríacos. [...] E é por isso que a palavra «alemão», que engloba a língua de Goethe e Adalbert Stifter, não deveria mais ter a conotação de insulto entre nós. O nacional perdeu todo o seu prestígio. Quem ainda rejeita os alemães como um todo lembra

---

(1) Em *Der Plan*, 1, 8.

fatalmente aquele que ainda ontem era contra o «judeu» sem levar em consideração a pessoa. [...] Um casamento contraído sob coação se desfez. Os efeitos colaterais foram mais do que desagradáveis. Mas isso é motivo suficiente para se comunicar apenas por meio de advogados ou por cartas registradas? Não é possível construir uma relação humana nova, distanciada, mas sincera?

Otto Horn respondeu a Weigel no número subsequente da revista:

Aquele que [...] hoje, depois das experiências amaríssimas que o mundo inteiro foi obrigado a ter, se distancia dos alemães, ainda sente em todos os seus membros que este povo tornou possível o surgimento de um movimento político que foi capaz de selar quase inteiramente a nação com sua essência – um movimento que, com a ajuda do povo, finalmente permitiu e causou o assassinato de vinte e seis milhões de pessoas. Durante muito tempo os alemães, além do círculo dos nazistas em sentido estrito, acharam assaz doce ser uma raça superior, o povo escolhido, em sentido bárbaro. [...] A [responsabilidade] aplica-se [...] aos alemães como povo precisamente porque, em grande parte, ele apoiou Hitler – na Alemanha o fascismo criou raízes muito mais fortes do que entre nós, e a Áustria é de fato muito menos culpada – eis por que os alemães ainda terão muito trabalho a fazer para limpar suas consciências.

[...] Não se pretende de modo algum aqui [...] emitir um juízo depreciativo sobre os honestos democratas e antifascistas da Alemanha (que, aliás, podem ainda não ser muito numerosos, como indicam algumas estranhas notícias deste mesmo país); mas especialmente na Áustria, que deve sua mais terrível catástrofe ao pangermanismo, à ideologia da Grande Alemanha, não se deve continuar a falar, como Hans Weigel, dos «irmãos alemães». [...] E não se deve de modo algum chamar a destruição da soberania austríaca pelos alemães de «casamento», mesmo que «consumado sob coação», como faz Weigel; o que nos aconteceu com os alemães nos anos de ocupação não foi um casamento e, portanto, não deveríamos dar-lhe esse nome.

Devido às inúmeras reações ao artigo da Weigel, os editores da *Plan* haviam planejado dedicar grande parte da edição 1:8 ao tema da relação entre a Áustria e a Alemanha, que foi abordada em ambos os artigos. Por conseguinte, Frankl escreveu uma resposta a Otto Horn na qual defende a posição de seu amigo Hans Weigel. Ao contrário do anúncio dos editores, no entanto, apenas alguns artigos referentes às contribuições da Weigel e Horn foram publicados nas edições subsequentes do periódico. O texto a seguir é a contribuição que Frankl enviou à redação da *Plan*. A revista jamais a publicou, mas Frankl provavelmente a apresentou em um evento de discussão organizado pela equipe editorial em junho de 1946.

***

Quando li a resposta de Otto Horn a seguinte anedota me veio à mente: Franz para Karl: «Diz-me, de uma vez por todas, por que se escreve Hans com "l"?». Karl para Franz: «Desde quando se escreve Hans com "l"?». Franz para Karl: «Por que não se deve escrever Hans com "l"?». Karl para Franz: «Mas por que se deveria escrever Hans com "l"?». Franz para Karl: «Bem, era isso que eu estava perguntando a ti antes!».

Horn responde a Weigel. E em sua resposta ele mesmo escreve que não se deve «obviamente responsabilizar coletivamente os alemães pelo nacional-socialismo»; em última análise, era isso que Weigel queria dizer! Essa, pelo menos, é a minha opinião.

Se agora eu for além, mas com base nisso acrescentar algumas observações básicas, então poderia – mas não quero – fazer uma lista de todos os campos de concentração em que estive preso, ou de todos os meus parentes que morreram neles; tampouco quero apresentar uma lista de minhas publicações mais ou menos científicas, pois não creio que seja apropriado alinhar-me com esta forma de legitimação tão comum hoje em dia. Estou convencido de que os sofrimentos ou as mortes que se tem de colocar em um prato da balança não compensam aqueles argumentos lógicos que outra pessoa colocou no outro. E o que eu quero evocar é pura lógica e nada mais. Em seu nome, porém, devo chamar os debatedores à ordem – sim, à ordem: à ordem do pensamento!

Horn declara que os combatentes da resistência austríaca nunca odiaram ou tiveram os antifascistas alemães como inimigos; «mas amar os fascistas alemães seria pedir um pouco demais deles». No entanto, pergunto: por que se tem de falar dos alemães, por que essa distinção ainda é feita, por que não se «abandona a geografia como diretriz», como exige Weigel?

Considero Weigel inteiramente *correto* quando escreve a frase – tão incriminada por Horn: «Quem ainda rejeita coletivamente os alemães fatalmente traz à memória aqueles que ainda ontem eram contra o "judeu" sem se importar com a pessoa». Mas mais do que isso: o que Horn diz em sua resposta me faz lembrar, não menos fatalmente, o palavreado da época sobre os «judeus decentes, que *também* existem»! Pois o próprio Horn admite que também existem alemães antifascistas, ou seja, alemães «decentes», por assim dizer. No entanto, ele considera apropriada uma «atitude reservada». Em minha opinião, contudo, essa reserva significa uma generalização eticamente insustentável – a mesma generalização que subjaz a todo antissemitismo nacional-socialista!

Quando Weigel afirma falar apenas em nome de alemães não nazistas, não apenas «afirma», como declara Horn, mas todo leitor imparcial também terá a impressão de tratar-se de um *fato*. Do mesmo modo, em minha opinião, as observações de Horn darão a cada leitor a impressão de que não está preocupado com o *antifascismo*, mas com o antigermanismo. Caso contrário, Horn teria de concordar com Weigel em que, como o próprio Horn admite, nada mais faz do que se opor aos fascistas, apenas com uma restrição: de que finalmente se deixe os alemães não fascistas em paz, ou seja, de que *o antifascismo não se transforme em antigermanismo, deslizando assim para a clássica mentalidade nacional-socialista de generalização.*

E agora o que dizer do «tato para com as vítimas inocentes» de que fala Horn e do incomensurável «sofrimento que os alemães trouxeram à Áustria»? Quanto a isso, gostaria de fazer a seguinte observação: quem realmente tem tato para com as vítimas não deveria falar muito sobre o sofrimento que os alemães causaram na

Áustria. Deveria, antes, perguntar às próprias vítimas, perguntar aos austríacos que estiveram nos campos de concentração – e eles dirão como *a SS vienense, acima de todas as outras SS, era temida*! Deveria perguntar aos judeus austríacos que testemunharam o 10 de novembro de 1938 em Viena e depois, nos campos de concentração, ouviram de seus correligionários alemães do Antigo Reich *o quão mais branda a SS alemã* havia agido no mesmo dia, obedecendo à mesma ordem vinda de cima!

As mesmas reservas que Horn tem para com os alemães, ele também deveria ter a respeito dos austríacos, pois, nesse ponto, nem ele nem eu podemos examinar onde o percentual de «democratas honestos e antifascistas» é mais alto, se na Alemanha ou na Áustria; mas, se mesmo assim ele recorre a «certas notícias estranhas» provenientes da Alemanha, então eu poderia apresentar-lhe outras igualmente estranhas da Áustria.

Sei que corro o risco de meus comentários serem mal interpretados e entendidos como alta traição. Cada austríaco ciente da própria responsabilidade deve aceitar esse mal-entendido tão logo sinta o grande perigo de hoje: *o farisaísmo austríaco!*

O próprio Horn escreve que «um número bastante grande de austríacos não se mostrou sempre imune ao veneno nacional-socialista». Com que direito ele pode agora considerar isso e afirmar que «o fascismo criou raízes muito mais fortes na Alemanha do que em nosso país e que a Áustria é de fato muito menos culpada»? Com que direito pode fingir que só da nação alemã é possível dizer que houve um movimento que «com muito apoio popular tornou possível e causou o assassinato de vinte e seis milhões de pessoas»? Com que direito quer que acreditemos que somente os alemães «acharam assaz doce ser uma raça superior, o povo escolhido, em sentido bárbaro»? E com que direito ele exige dos alemães um «período probatório para a honestidade democrática» e, dos austríacos, um período mais curto ou nenhum? Por enquanto, nós, na *Áustria*, ainda *não* vimos um Niemöller ou um Jaspers que se levantem e gritem, de maneira tão honesta quanto clara, que também são culpados.

O fariseu austríaco é também aquele para quem a frase de Horn soaria oportuna, a frase com a qual ele refuta a tese de Weigel sobre «um casamento contraído sob coação» entre a Áustria e a Alemanha, e que diz: «o que nos aconteceu com os alemães nos anos de ocupação não foi um casamento e, portanto, não deveríamos dar-lhe esse nome». Com efeito, não se tratou de um casamento, mas de algo que, em muitos casos, beirava... a prostituição!

Após minha libertação do campo de concentração, eu mesmo conheci nacional-socialistas em Munique – que havia sido, por muito tempo e talvez por tanto tempo quanto Viena, uma cidade rebelde –, e devo dizer que nunca ouvi contra a Prússia (que é certamente o velho inimigo de todos os bávaros) esses mesmos xingamentos que andam tão na moda em Viena no momento. Moda, esta, precisamente no sentido do farisaísmo austríaco que acabo de denunciar; moda também no sentido e segundo o interesse daqueles nacional-socialistas austríacos que, em uma variação contemporânea do grito «Pega ladrão!», gritam diligentemente: «Pega o *boche*[2]!».

---

(2) No original: *Piefke*. A palavra é usada na Áustria para designar, pejorativamente, os alemães. Optei por traduzi-lo como «boche», termo igualmente pejorativo aplicado aos alemães, mas desta vez pelos franceses –, porque se encontra dicionarizado. (N. do T.)

Entrevista: um psicoterapeuta responde às questões atuais

1947

O que pode ser feito com relação à angústia vital que muitas pessoas sentem após as experiências dos últimos anos (ataques aéreos, medo da Gestapo, campos de concentração), e que explicação pode um psiquiatra dar a esta angústia?

Para responder à pergunta deve-se ter em mente que isso depende menos das circunstâncias do que da pessoa. Como resultado dos mesmos acontecimentos, alguns saem mentalmente fortalecidos, enquanto outros se sentem «mentalmente bombardeados». Agora, se alguém ainda hoje continua sentindo alguma angústia vital, então é preciso se perguntar se não há uma inclinação inata a essa angústia. Pois há muitas pessoas que saíram interiormente fortalecidas pela dura escola dos últimos anos. Alguns conseguiram encontrar a si mesmos. Psicologicamente, isso não é fácil de explicar; mas, para isso, se oferece a nós uma bela parábola: não sei se já ouvistes falar que uma abóbada dilapidada apoia-se e fortalece-se quando se coloca peso sobre ela. Parece dar-se a mesma coisa com o ser humano. Porque eu conheço dezenas de pessoas que *perderam* suas neuroses em campos de concentração, por exemplo. É claro que esse é um tipo de «cura» que não se pode recomendar e que, sobretudo, não deveria ter sido desejado por ninguém; foi *uma cura a todo o transe*! Se alguém tinha *um apoio interior, a crença em uma ideia ou a fé em*

Deus, as adversidades não faziam mais do que fortalecer sua fé; por outro lado, se a pessoa se sentia desde o início precária e insegura – nesse caso, esse apoio naturalmente desaparecia. O fardo em si, no entanto, também podia ser terrível, e era de se esperar que o sofrimento dos últimos anos tenha ajudado o ser humano interiormente reto a crescer, e não se curvar.

Psicanalistas da escola freudiana com quem estive no campo de concentração alegaram que houve uma «regressão» na vida interior dos prisioneiros – uma regressão no desenvolvimento mental a um nível primitivo. Bem, sei de pelo menos tantos casos em que a mesma experiência levou a uma progressão interior, a um fortalecimento mental e a um aumento da ancoragem espiritual. Portanto, a sabedoria última que podemos tirar de toda a psicologia do terror e dos campos de concentração deve ser: *tudo depende do indivíduo!*

Agora, à sua pergunta específica sobre a angústia vital. Quem já vivenciou a proximidade extrema da morte geralmente não tende a ter medo ou a assustar-se; pelo contrário, já não pode mais temer nada. No entanto, deve-se assinalar que é um preconceito pensar que se pode medir o sofrimento humano e, de alguma forma, estabelecer grandes diferenças. Por exemplo, afirmo que uma mãe idosa que realmente correu perigo de vida em um abrigo antiaéreo pode facilmente ser colocada na mesma categoria daquelas pessoas que estiveram em perigo no fronte ou nos campos de concentração.

Cada uma dessas pessoas enfrentou o aniquilamento, enfrentou o nada. A única diferença é que uma pessoa nos campos de concentração muitas vezes não era nada mesmo enquanto ainda estava viva, pois nunca sabia se três dias depois ainda estaria escavando valas ou se já estaria deitada sobre uma pilha de cadáveres. Afinal, não era considerada um ser humano, mas apenas uma *quantité négligeable*[1] em uma multidão, ou um número altamente redundante em uma lista de transporte.

A propósito, todos os seres humanos que se experimentaram à mercê da destruição acidental ou deliberada, todos os que viveram intensamente a guerra e o terror, devem ser avaliados psicologica-

---

(1) Em francês no original: quantidade negligenciável; valor insignificante. (N. do T.)

mente da mesma forma. Afinal, havia também prisioneiros que «reprimiam» todos os infortúnios e só tentavam uma coisa: salvar-se e sobreviver da maneira mais saudável possível; para essas pessoas, o campo de concentração não estava ligado a nenhuma experiência profunda, e por isso não saíram da miséria interiormente purificados. Por outro lado, há os que não estiveram em campos de concentração, mas vivenciaram os bombardeios de forma tão intensa que isso as fez amadurecer interiormente; de novo: *depende sempre do indivíduo!*

Para voltar à sua pergunta – se e como se pode ajudar uma pessoa que sofre o temor e a angústia –, seria preciso, antes de mais nada, investigar as causas desse sofrimento. Sabe-se, por exemplo, que em muitas pessoas pode ser observado, devido à influência da guerra e das condições do pós-guerra, um aumento da função da glândula tireoide, o que, *de per si*, pode criar certa predisposição física ao medo. Outras pessoas, por sua vez, recorrem aos acontecimentos fatídicos dos últimos anos como uma mentira vital, no intuito de enganar a si mesmas. Servem, portanto, de bode expiatório: *elas usam as terríveis experiências do passado como desculpa para a angústia de sua vida atual*. Mas somente o médico, e sempre de acordo com cada caso, pode determinar se e que causas psíquicas ou físicas da doença estão presentes! Responder à pergunta de maneira geral seria portar-se como um diletante. [...]

A desagregação da juventude é nossa maior preocupação; como um psiquiatra vê esse problema?

Gostaria de contar antes um episódio: certa vez, em uma audiência judicial, fui perguntado, como especialista em psiquiatria, a respeito de um jovem ladrão de pão; queriam saber se era psiquicamente deficiente. Eu já havia examinado o jovem com cuidado e concluíra que ele era psiquicamente normal, que não sofria de nenhum tipo de deficiência. Mas não me esqueci de acrescentar, ao apresentar o meu parecer: uma pessoa que, *nessas circunstâncias específicas*, isto é, em uma situação de extrema necessidade, não tivesse sucumbido à tentação de roubar pão não teria sido meramente normal, mas um ser superior. Apenas afirmar que o jovem não era deficiente seria o mesmo que não dizer nada; só um *ser humano decididamente superior conseguiria passar por esses tempos com as mãos cem por cento puras. Antes de acusar as pessoas, devemos sempre nos perguntar até que ponto seria preciso acusar a época.*

Assim, chego ao ponto mais importante. Desde Alfred Adler sabemos como são importantes para os jovens os sentimentos de inferioridade. Penso que é difícil exigir dos jovens que trabalhem e não se envolvam em contrabando; é difícil exigir isso enquanto a situação econômica for tal que o trabalhador honesto tenha sentimentos de inferioridade. Pois, na situação atual, toda pessoa normal (ou seja, não superior) pensará: se eu trabalho e labuto por uma ninharia, então não passo de um estúpido, enquanto meu amigo só tem de fazer uns negócios de contrabando para ganhar dez ou cem vezes mais! Na minha opinião, é aí que residem *os limites de qualquer terapia que toque o psíquico.* Ao mesmo tempo, porém, esses limites significam um apelo à sociedade humana para que crie condições de vida para os jovens nas quais aquele que trabalha adquira um senso normal de autoestima e não tenha mais de se sentir um tolo. Se não apenas ensinarmos ao jovem trabalhador que ele é o melhor, mas criarmos condições de vida que o tornem mais inteligente, então também lhe tiraremos os sentimentos de inferioridade, e só então seremos capazes de remover as inibições que o impedem de realizar a vontade de levar uma vida decente.

No entanto, do que foi dito até agora, também fica claro que podemos considerar qualquer um que atualmente resiste à tentação de ganhar dinheiro da maneira mais fácil como um dos melhores representantes da geração mais jovem; porque, se aquele que se dedica ao contrabando «não é inferior», então é decididamente superior aquele que, apesar de tudo, permanece decente em sua vida profissional, e só é de se esperar que *esta vanguarda moral da juventude* – composta de pessoas jovens e simples, cujo trabalho honesto documente sua alta qualidade – compense, como modelos de comportamento entre suas próprias fileiras, *os maus modelos de adultos que antes perpetraram tanto mal.*

Nunca devemos esquecer que só um jovem tem o direito de criticar todo o embrutecimento e toda a decadência moral da juventude: um adulto não teria o direito de fazê-lo. Afinal, o último e maior poder de toda pedagogia vem do exemplo, mas o quanto falhou o exemplo dos adultos, em geral, é perceptível nos jovens. Não esqueçamos que a atual geração de jovens ainda era, do ponto de vista moral, uma folha em branco quando os primeiros membros da SS vieram até nós. As manchas que nosso tempo deixou nesta folha de papel não emanam dos jovens, mas dos adultos.

Die Furche e Spinoza[1]

Agosto de 1947

Outrora, toda criança em idade escolar sabia que um dos maiores filósofos de todos os tempos, Baruch Spinoza, era judeu. Mas, em uma homenagem a este homem publicada na *Furche* de 19 de julho de 1947 e impressa em nada menos do que cinco colunas, ou duas páginas, este fato bem conhecido é vergonhosamente ignorado! Essa circunstância não nos deveria dar o que pensar? Sobretudo hoje em dia, quando muitos alunos – meninos que foram membros da Juventude Hitlerista, e muitas meninas que pertenciam à BdM[2] – desconhecem *por completo* que Spinoza era judeu. Isso não nos dá a impressão de que seu judaísmo está sendo um pouco abafado? Depois de dois anos?

Certamente, à luz do sentido e espírito do próprio Spinoza, o menos indicado seria enfatizar sua afiliação a uma religião ou nação como algo essencial. Ainda mais porque ele – no que diz respeito à religião – foi expulso da comunidade religiosa judaica. (Sem, porém, aderir a outra religião, como a católica-cristã.)

Isso nos faz lembrar uma declaração de Einstein, que certa vez disse que, se suas opiniões fossem confirmadas, os alemães diriam

---

(1) Em *Der Neue Weg* 14.
(2) Em alemão, *Bund Deutscher Mädel*: Liga das Moças Alemãs ou Liga das Jovens Alemãs. Na Alemanha nacional-socialista, organização de jovens para moças com idade entre 14 e 18 anos; equivalente feminino da Juventude Hitlerista. (N. do T.)

que ele era alemão e os franceses, um cidadão do mundo; em caso de seu fracasso, porém, os franceses o tomariam por alemão e os alemães... por um judeu.

Bem, é preciso chegar a conclusões análogas após a leitura do artigo sobre Spinoza em *Die Furche*: Spinoza é descrito como alguém vindo de uma família – portuguesa (!) – «que, por causa de sua religião, teve de emigrar daquele país intolerante». E, mesmo neste ponto, não há uma só palavra sobre o judaísmo! Ademais, nosso filósofo «português» não é chamado de Baruch, mas de Benedict.

Se resumirmos a citação de Einstein, o artigo em questão sobre Spinoza e, finalmente, as usanças na imprensa «cristã» de tempos recentes, então algo pode certamente ser concluído, e não sem razão: ai do pobre Spinoza se tivesse sido um deslocado[3] e fosse apanhado contrabandeando um produto enlatado! Ele então seria chamado de «o deslocado judeu Baruch Spinoza». Mas assim, como grande figura histórica da filosofia, ele entra nas colunas da *Furche* como o português Benedict d'Espinoza.

---

(3) No original: *DP*. O Duden, dicionário de língua alemã, dá ao verbete «DP» o significado de *displaced person*, expressão de origem inglesa. Optei por «deslocado», ainda que a família de Spinoza se tenha deslocado, fugindo da Inquisição portuguesa, para os Países Baixos. (N. do T.)

Não o ladrão, mas o assaltado é o culpado[1]

Janeiro de 1948

Nós, judeus, realmente parecemos ter algo profético em nós: recentemente, apontei em uma glosa que *Die Furche*, em um ensaio sobre Spinoza, escondeu deliberadamente o fato de que ele era judeu, referindo-se a ele simplesmente como filósofo que descendia de família portuguesa; questionei se caso não tivesse sido um filósofo mundialmente famoso, mas um «ladrão» apanhado em flagrante contrabando, Spinoza também teria sido chamado de português Benedictus de Spinoza ou se, neste caso, não se teria preferido falar do judeu Baruch Spinoza... Agora, algo análogo realmente se deu: em um exemplar do *Zeitung junger Katholiken Österreichs*[2], eu li:

Estranhos roubaram da residência de Heinrich Kohn, na Rotenmühlgasse, em Viena, joias, roupas e casacos de pele avaliados em 100.000 xelins – parece impossível! O fisco deveria interessar-se por esses casos. A pessoa roubada sempre pagou em dia seus impostos, e de onde tirou tantos objetos de valor em tão pouco tempo?

Bem, nós também dizemos a isso: «Parece impossível!». Nós – como se costuma dizer: nós, selvagens, somos pessoas melhores... – não citaremos as iniciais dos editores do jornal; queremos apenas

---

(1) Em *Der Neue Weg* 1/48.
(2) «Jornal dos Jovens Católicos da Áustria». (N. do T.)

fazer uma sugestão: esperamos que nossos comentários contribuam para que este jornal, que normalmente mantém um padrão muito alto (caso contrário, eu, como judeu, não o leria o tempo todo), em relação à sua nota obviamente antissemita consume uma... «reviravolta». E é por isso que recomendamos que seus editores se submetam a um aconselhamento profissional, que deve reconhecer se esses cavalheiros não seriam mais adequados na profissão de informantes fiscais do que na de editores de um jornal cristão.

O que a nota citada pretendia alcançar? Na melhor das hipóteses, seu conteúdo é um ofício confidencial ou uma notificação ao fisco. Mas algo assim só tem lugar em um jornal de jovens católicos se o que se pretende é que os jovens católicos se tornem tão antissemitas quanto os idosos neste país outrora foram. O nome «Kohn» fala claramente a favor desse objetivo, sem mencionar que na primeira página do número em questão há um apelo para ajudar o «incriminado» (um nazista).

Por si só, não haveria nada de errado com isso; quem escreve estas linhas ajudou mais de um nazista incriminado – contanto que «sua filiação partidária não implicasse um mau caráter» – e continua fazendo isso, mesmo que, após anos de confinamento em campos de concentração e o extermínio de todos os membros de sua família, exceto um, bem como a perda de todos os seus bens, ele ainda durma em um sofá emprestado...

Mas precisamos lançar a pergunta: o jornal em questão pediu também ajuda àquelas pessoas as quais – como todo o mundo sabe – se recusa a mais elementar reparação? Pediu ajuda para aquelas que ainda hoje vivem amontoadas em alojamentos insalubres, enquanto suas moradas continuam ocupadas por seus usurpadores? Temos de responder a essas perguntas com um «não». Também o tal jornal não vê a trave no próprio olho e comete o mesmo erro que um conhecido pregador vienense cometeu quando o ouvi há dois anos, durante um sermão de Quaresma, imprecar contra aqueles que, «sem quaisquer preocupações morais», ocupam as moradas dos nazistas fugidos, enquanto em nenhum momento tentou despertar a consciência dos usurpadores com uma única palavra: ele, também, só via a estilha no olho alheio....

Os assassinos estão entre nós[1]

Agosto de 1947

Em 1946, Wolfgang Staudte rodou um dos primeiros filmes da DEFA[2] com o título «Os assassinos estão entre nós». O filme descreve o destino e o encontro da jovem fotógrafa Susanne Wallner (Hildegard Knef), que voltou a Berlim do cativeiro em um campo de concentração, com o cirurgião Hans Mertens (Ernst Wilhelm Borchert), depois que ele retorna do fronte. Com «Os assassinos estão entre nós», o diretor Wolfgang Staudte marcou o início do debate cinematográfico sobre o nacional-socialismo.

Não se trata aqui de fazer uma crítica cinematográfica habitual. Isso não é necessário, tampouco possível. Não é necessário porque o filme está acima de qualquer crítica e tem sido reconhecido por toda parte como tal. Nós, os austríacos, tendo em vista suas qualidades artísticas, não somos poupados da vergonhosa sensação de *termos ficado para trás* com nossos primeiros filmes, realizados sob condições de produção igualmente desfavoráveis. E por que dizemos que não é possível fazer uma crítica cinematográfica de costume? Significaria que só queremos julgar o filme como um filme de tendências, isto é, do ponto de vista político? Não: a intenção do filme não é primordialmente política; ele é genuinamente humano (se não fosse

---

(1) Em *Der Neue Weg* 14.
(2) DEFA (*Deutsche Film-Aktiengesellschaft*), companhia cinematográfica estatal da RDA (Alemanha Oriental), fundada em 1946. (N. do T.)

assim, seu nível artístico provavelmente teria sido outro). Todavia, mesmo que o propósito não seja político, seu efeito é. Basta ouvir as conversas que ecoam entre a plateia após cada exibição. O rancor das massas contra as mentiras dos criminosos de então torna-se alto, alivia-se, e é isso o que gera aquele efeito catártico (depurador da alma) que a tragédia sempre promoveu. Infelizmente, o público não acompanha de todo: ouve-se uma vez e outra risos fora do lugar – por exemplo, se o protagonista irrompe em um riso absolutamente sarcástico, a maioria do público o acompanha, rindo prontamente e com avidez.

O público de hoje é uma massa altamente sugestionável; tornou-se assim devido a anos de governo autoritário. E é superficial – o significado mais profundo ou o sentido mais elevado de um filme dificilmente chega a seu conhecimento. A culpa não é tanto de um público pouco instruído artisticamente, mas, antes, de uma educação artística falha. Se falamos acima do efeito catártico do filme em questão sobre as massas – sobre as massas que, diante dos grandes e pequenos criminosos de guerra que ainda hoje estão livres e impunes, têm de engolir e «reprimir» o rancor –, devemos acrescentar que um efeito purificador semelhante pode ocorrer nos próprios criminosos; para muitos, o filme será a chance de apontar o caminho para a libertação interior, para o autoconhecimento que emancipa (como bem se sabe, o primeiro passo para a superação), para uma confissão de culpa à consciência que se autoexplora. Assim, com «Os assassinos estão entre nós», encontramos um eminente significado psicoterapêutico em âmbito coletivo: ele é capaz de nos inspirar a tudo compreender e a tudo perdoar. Contudo, não devemos esquecer que só se pode perdoar aos outros – compreender a si mesmo não é perdoar a si mesmo: perdoar a si mesmo é se arrepender de algo e corrigir-se. Que o amplo impacto do filme de Staudte contribua para libertar o público, a exemplo do protagonista, dos demônios do passado, mediante a consciência de uma responsabilidade concreta e pessoal pela reconstrução interior e exterior.

DISCURSOS COMEMORATIVOS

In memoriam[1]

25 de março de 1949

In memoriam... Em memória... «O que é o homem para que te lembres dele?». Esta é uma pergunta que o salmista dirige a Deus. Façamos esta pergunta a nós mesmos: quais eram os colegas mortos, para que deles nos recordemos aqui hoje? Bem, como eles vivenciaram os anos de 1938 a 1945, como viveram e morreram na prisão e no exílio, isso já sabeis ou já vos foi relatado em ocasiões anteriores. Minha tarefa é testemunhar diante de vós como os médicos vienenses definharam e trabalharam nos campos de concentração; prestar testemunho de verdadeiros médicos, que viveram e morreram como médicos; de verdadeiros médicos que não podiam ver os outros sofrerem e deixar os outros sofrerem, mas que souberam sofrer o sofrimento justo – o sofrimento íntegro!

Estávamos no verão de 1942. Por toda parte pessoas eram deportadas, entre elas médicos. Certa noite encontrei, na Praterstern, uma jovem dermatologista. Falamos sobre o que significava ser médico em nossa época, sobre a missão do médico em nossos dias. E chegamos a falar de Albert Schweitzer, o médico na selva de Lambaréne, e de nossa admiração por ele. Depois, dissemos que não devíamos reclamar da falta de oportunidades de imitar esse médico e ser humano exemplar: com efeito, realmente tivemos oportuni-

---

(1) Discurso comemorativo aos colegas falecidos da Sociedade de Médicos de Viena.

dades de sobra para oferecer ajuda médica como ele, sob as circunstâncias mais desfavoráveis que se possa imaginar. Não precisávamos viajar para a selva africana. Sobre tudo isso conversamos, e prometemos um ao outro, naquela mesma noite, que aproveitaríamos tal oportunidade quando chegasse o dia em que também seríamos deportados. Um pouco mais tarde, esse dia chegou. No entanto, a jovem colega não teve muito tempo para aproveitar a oportunidade que, com base em seu *ethos* médico, ela havia visto na deportação: logo após sua chegada ao campo de concentração, contraiu uma infecção tifoide. Semanas depois, estava morta. Seu nome é Dra. Gisa Gerbel. Recordemo-la...

Depois havia o médico dos pobres do décimo sexto distrito – conhecido em Viena como «o anjo de Ottakring»; um tipo bem vienense – um homem que no campo de concentração sempre imaginava comemorar seu retorno em uma taberna de vinho vienense e que então, com um olhar de felicidade e lágrimas nos olhos, entoava canções de taberna: «*Erst wenn's aus wird sein...*»[2]. Esse era o Anjo de Ottakring; mas quem, como um anjo da guarda, o protegeria – naquela época, quando em Auschwitz, diante dos meus olhos, ele foi dirigido para longe da estação à esquerda – isto é, direto para a câmara de gás?... Aquele era o Anjo de Ottakring. Seu nome é Dr. Plautus. Recordemo-lo...

Depois havia o Dr. Lamberg – filho do primeiro médico-chefe da mundialmente famosa *Sociedade Voluntária de Salvamento de Viena* – bem conhecido por todos os estudantes de primeiros socorros em razão de seu livro didático. O Dr. Lamberg era um homem do mundo, tanto na aparência quanto no comportamento. Qualquer pessoa que já viu essa esplêndida figura sabe disso. Bem, eu também o vi morrendo, em um barracão semissubterrâneo, no meio de dezenas de figuras esfomeadas que jaziam juntas; e seu último pedido para mim foi: deslocar um pouco o cadáver que estava deitado ao seu lado e meio em cima dele... Esse era o Dr. Lamberg, o velho homem do mundo – um dos poucos camaradas do campo com quem se podia ter conversas filosóficas e religiosas, mesmo du-

---

(2) Canção do compositor austríaco Hans von Frankowski (1888-1945). (N. do T.)

rante o trabalho mais árduo nos trilhos da ferrovia, sob uma tempestade de neve.

Lembremo-nos dele...

E havia a Dra. Martha Rappaport, minha velha assistente no Hospital Rothschild em Viena, que também havia sido médica-assistente de Wagner-Jauregg. Uma mulher com um coração imenso e que não podia ver ninguém chorar sem ser levada às lágrimas. Quem chorou por ela quando foi deportada? – Essa era a Dr. Rappaport. Lembremo-nos dela...

Havia então, no mesmo hospital, um jovem cirurgião, o Dr. Paul Fürst, e outro médico, o Dr. Ernst Rosenberg. Com ambos pude falar no campo de concentração, pouco antes de morrerem lá. E não havia uma única palavra de ódio em suas últimas palavras: apenas palavras de saudade vinham de seus lábios – e palavras de perdão; porque o que eles odiavam e o que nós odiamos nunca são pessoas – as pessoas têm de ser perdoadas; o que eles odiavam era apenas o sistema, que levava a alguns a culpa e a outros a morte.

Mencionei poucos nomes, e não levei em consideração alguma categoria científica especial. Falo de indivíduos, mas me refiro a todos eles juntos. Os poucos, contudo, devem representar os muitos: pois nenhuma crônica esboçada por mãos humanas poderia conter os muitos. Eles, contudo, não precisam de uma crônica, nem de uma lápide ou pedra comemorativa; pois *cada ato é seu próprio monumento* – mais imperecível do que qualquer obra que saia de nossas mãos. Com efeito, o que um homem faz não pode ser desfeito; o que ele fez não pode ser eliminado. *E não é verdade que esteja irremediavelmente perdido no passado*, senão que no passado se encontre *preservado e seguro*! Decerto que, naqueles anos, a profissão médica foi profanada. Mas é igualmente verdade que muitos também a elevaram. Nos campos de concentração, alguns médicos fizeram experiências com doentes terminais; mas houve outros que experimentaram consigo mesmos, e lembro-me de um neurologista de Berlim com quem, em nosso sombrio barracão, tive muitas conversas tarde da noite, por exemplo, sobre os problemas atuais da psicoterapia moderna; antes de morrer no campo, ele registrou por escrito a experiência de suas últimas horas, na forma de uma autodescrição.

Em geral, as experiências no campo de concentração eram um único grande experimento – um verdadeiro *experimentum crucis*, que nossos mortos colegas suportaram com honra. Ademais, provaram que o homem tem em seu poder permanecer *um ser humano mesmo sob as condições mais desfavoráveis, as mais indignas* – um verdadeiro ser humano e um verdadeiro médico. O que honra aqueles que nos deram essa prova deve ser uma lição para nós, deve ensinar-nos o que o homem é e o que ele pode ser.

Então, o que é o homem? Conhecemo-lo talvez como nenhuma outra geração antes de nós; conhecemo-lo no campo de concentração – no campo de concentração, onde tudo o que não era essencial se havia esfumado, onde tudo o que se possuía eclipsou-se: dinheiro – poder – fama – felicidade –, onde só restou aquilo que um ser humano não pode «ter», mas o que ele deve «ser»: o que sobrou foi o próprio ser humano – consumido e abrasado pela dor e pelo sofrimento, ele foi reduzido ao essencial, ao humano.

O que é, portanto, o ser humano? Perguntamo-nos novamente. Ele é um ser que sempre *decide* o que é. Um ser que guarda em si, igualmente, a possibilidade de descer ao nível de um animal ou de ascender a uma vida santa. O homem é aquele ser que inventou as câmaras de gás; mas é ao mesmo tempo o ser que entrou nelas em postura ereta, com o Pai-nosso ou a oração judaica pelos mortos nos lábios.

Esse é, pois, o ser humano. E agora também sabemos a resposta para a pergunta que nos fizemos no início: o que é o homem *para que nos lembremos dele*? «Ele é um junco», disse Pascal, «mas um junco que pensa!». Este pensamento, esta consciência, este ser responsável... constitui a dignidade do homem, a dignidade de cada indivíduo. E cabe inteiramente ao indivíduo se ele a pisoteia ou se a sustenta. Assim como isto constitui o mérito pessoal de ser humano, aquilo representa sua culpa. E a *culpa só pode ser pessoal*! Nunca se deve falar em culpa coletiva! É certo que há também a culpa pessoal de um ser humano que «não fez nada», que se absteve de muitas coisas pois temia por si mesmo ou por seus entes queridos. Mas quem quiser repreender tal pessoa por ser «covarde» teria primeiro de provar para si que se portaria como herói na mesma situação.

Não seria melhor não julgar tanto os outros? Paul Valéry disse certa vez: «*Si nous jugeons et accusons, le fond n'est pas atteint*» – enquanto ainda julgarmos e acusarmos, o fundo não será atingido. E, assim, não queremos apenas lembrar os mortos, mas também perdoar os vivos. Assim como estendemos nossas mãos aos mortos por cima de todos os túmulos, também queremos estendê-las aos vivos – por cima de todo o ódio. E quando dizemos: «Glória aos mortos», queremos igualmente acrescentar: «e paz na Terra *a todos os homens de boa vontade*».

Reconciliação também em nome dos mortos[1]

27 de abril de 1985

Prezados convidados,

Antes de mais nada, gostaria de agradecer o convite e a honra de estar aqui hoje. Sinto-me com isso autorizado a tomar a palavra e, também, com o direito de falar em nome dos mortos.

Minha cidade natal é Viena, mas Türkheim é o lugar de meu renascimento. Esse renascimento aconteceu após a primeira metade da minha vida. Recentemente fiz 80 anos, e passei o meu 40º aniversário no campo de concentração de Türkheim. Meu presente foi estar livre da febre pela primeira vez depois de adoecer com tifo por semanas.

Portanto, minha primeira saudação é para os camaradas mortos. Meu primeiro agradecimento, contudo, é aos alunos ginasianos que projetaram a pedra memorial. E agradeço-lhes inclusive em nome dos mortos a quem é dedicada. Mas devo também agradecer àqueles que nos libertaram, que salvaram a vida de nós, sobreviventes, e gostaria de vos contar uma pequena história. Há alguns anos, por ocasião de uma palestra que ministrei na capital do Texas sobre a logoterapia – escola de psicoterapia que fundei e desenvolvi –, foi-

---

(1) Discurso comemorativo por ocasião do 40º aniversário de libertação do campo de concentração de Türkheim, Baviera.

-me concedida pelo prefeito a cidadania honorária. Respondi que, em vez de me tornar cidadão honorário de sua cidade, era eu quem deveria nomeá-lo um «logoterapeuta honorário». Porque, se os jovens do Texas não tivessem arriscado e, em alguns casos, sacrificado suas vidas para nos libertar, não teria havido, a partir de 27 de abril de 1945, nenhum Viktor Frankl, muito menos uma logoterapia. E lágrimas vieram aos olhos do prefeito.

Mas agora também tenho de agradecer aos cidadãos de Türkheim! Sempre que dava a última aula do semestre na United States International University, na Califórnia, eu costumava mostrar, a pedido dos alunos, uma série de *slides*: fotos que eu tinha feito [dos campos de concentração], depois da guerra. E no final sempre mostrava a eles uma foto que tirei além da via em aterro, onde se avistava uma grande fazenda, na frente da qual toda a família posava reunida. Essas foram as pessoas que durante os últimos dias da guerra escondiam sob risco de morte em suas casas meninas judias que fugiam do campo de concentração! Queria demonstrar com isso qual é a minha convicção mais profunda – e que passou a existir já no primeiro dia após a guerra: a de que não há culpa coletiva! Muito menos – se posso chamá-la assim – culpa coletiva retroativa – isto é, considerar alguém corresponsável pelo que os pais ou mesmo a geração dos avós possam ter feito.

A culpa só pode ser pessoal – culpa pelo que se fez ou deixou de fazer, pelo que poderia ter sido feito e não se fez. Mas, mesmo assim, devemos ter certa compreensão do temor daqueles que se preocupam com a própria liberdade, até mesmo com a própria vida e, não menos importante, com o destino de suas famílias. Certamente houve quem preferisse ser encerrado em um campo de concentração a trair suas convicções. Mas, na verdade, só se pode exigir heroísmo de uma pessoa, e essa pessoa é ela *mesma*. A única pessoa que realmente tem o direito de exigir heroísmo dos outros é aquela que demonstrou que ela própria preferiu ir para um campo de concentração a se conformar ou transigir. Aquele que estava seguro no exterior não têm o direito de exigir dos outros que preferissem ir para a morte a agir de maneira oportunista. E eis que aqueles que estiveram em um campo de concentração geralmente julgam com muito mais indulgência do que, por exemplo, os emigrantes que conseguiram preservar a liberdade ou aqueles que só vieram ao mundo décadas depois.

Para encerrar, não posso deixar de agradecer a um homem que infelizmente não sobreviveu para estar neste ato de agradecimento. Refiro-me ao comandante do campo de concentração de Türkheim: Sr. Hofmann. Ainda consigo vê-lo à minha frente quando chegamos do campo de concentração de Kaufering III, com roupas esfarrapadas, frio, sem cobertores; e como ele começou a praguejar, horrorizado porque tínhamos sido enviados para lá em semelhante condição. Foi também ele quem, como mais tarde se descobriu, secretamente comprava remédios do próprio bolso para seus prisioneiros judeus.

Há alguns anos, convidei cidadãos de Türkheim que haviam ajudado os detentos do campo de concentração a uma reunião em uma pousada local. Queria que o Sr. Hofmann também estivesse presente, mas descobri que havia morrido pouco antes. Soube agora, por um conselheiro espiritual que todos vós certamente conheceis (entrementes, ele também faleceu), que o Sr. Hofmann, embora não tivesse razão para isso, foi atormentado por autorrepreensões até o fim de sua vida – de bom grado, e disso estou convencido, eu teria aliviado seu sofrimento.

Agora objetareis: tudo isso soa muito bonito, mas pessoas como o Sr. Hofmann são exceção. Pode ser. Mas *elas* são as que importam. Pelo menos quando se trata de compreensão, perdão e reconciliação! E eu me sinto legitimado a dizer isso porque não foi outro senão o finado e célebre rabino Leo Baeck quem, já em 1945 – imaginai, 1945! –, escreveu uma «Oração pela Reconciliação» na qual afirma explicitamente: «Somente o bem deve contar!».

E se me disserdes que então havia tão poucas coisas boas, só posso responder com as palavras de outro grande pensador judeu, o filósofo Benedictus de Spinoza, cuja obra principal, a *Ética*, termina com as palavras: *sed omnia praeclara tam difficilia, quam rara sunt*. Tudo o que é excelente é tão raro de se encontrar quanto difícil de se fazer. Também eu acredito que as pessoas decentes estão em minoria, sempre estiveram e sempre estarão. Mas isso não é novidade. Há uma antiga lenda judaica segundo a qual a existência do mundo depende de haver nele sempre 36 – não mais do que 36! – justos. Bem, não posso dizer exatamente quantos são, mas estou convencido de que em Türkheim também havia, e certamente ainda há, algumas pessoas justas. E quando comemoramos aqui os mortos do campo de concentração de Türkheim, quero também agradecer aos justos de Türkheim em nome desses mortos.

Todas as pessoas de boa vontade[1]

10 de março de 1988

Senhoras e senhores,

Espero que entendais se vos pedir que vos junteis a mim nesta hora de recordação... de meu pai – ele pereceu no campo de concentração de Theresienstadt; de meu irmão – que morreu no campo de concentração de Auschwitz; de minha mãe – assassinada na câmara de gás em Auschwitz; e de minha primeira esposa – ela perdeu a vida no campo de concentração de Bergen-Belsen. No entanto, devo pedir-vos que não espereis de mim uma única palavra de ódio. Quem eu deveria odiar? Afinal, só conheço as vítimas, não os algozes, pelo menos não os conheço pessoalmente – e me recuso a considerar alguém coletivamente culpado. Não existe culpa coletiva, e não estou dizendo isso apenas hoje, mas desde o primeiro dia em que fui libertado do último campo de concentração em que estive – e naquela época não era muito popular atrever-se a assumir uma posição pública contra a culpa coletiva.

---

(1) Discurso comemorativo por ocasião do 50º aniversário da entrada de Hitler, Praça da Prefeitura de Viena.

A culpa, de todo modo, só pode ser pessoal – a culpa por algo que eu mesmo fiz ou talvez me tenha abstido de fazer! Não posso ser culpado de algo que outras pessoas tenham feito, mesmo que sejam meus pais ou avós. E nesse sentido considero, por assim dizer, um crime e uma insanidade persuadir os austríacos que hoje têm entre um e cinquenta anos a acreditar em uma «culpa coletiva retroativa» – ou, para colocar em termos psiquiátricos, seria um crime se não se tratasse de um caso de perturbação mental... e de uma recaída na chamada *Sippenhaftung*[2] dos nazistas! E acho que as vítimas dessa perseguição coletiva deveriam ser as primeiras a concordar comigo, a menos que façam questão de impelir os jovens aos braços dos velhos nazistas ou dos neonazistas!

Volto a falar de minha libertação do campo de concentração: depois que saí, retornei a Viena no primeiro transporte disponível (embora ilegal): um caminhão. Nesse ínterim, viajei sessenta e três vezes para os Estados Unidos, mas sempre regressei à Áustria. Não porque os austríacos me amem muito, mas ao contrário: porque eu amo muito a Áustria e, como todos sabemos, o amor nem sempre é recíproco. E, sempre que estou na América, os americanos me perguntam: «Por que não viestes até nós, Sr. Frankl, antes da guerra? Isso vos teria poupado tantas coisas». E então tenho de explicar a eles que estava à espera, que durou anos, de um visto; e, quando finalmente chegou, já era tarde demais, porque eu simplesmente não consegui deixar meus pais idosos entregues à própria sorte no meio da guerra. E então me perguntam também: «E por que não viestes então pelo menos após a guerra – com tudo o que os vienenses fizeram a vós e aos vossos?». «Bem», digo a essas pessoas, «em Viena, por exemplo, havia uma baronesa católica que, correndo o risco de morrer, manteve ilegalmente escondida uma prima minha, salvando-lhe a vida. E depois havia um advogado socialista em Viena que – pondo-se também em perigo – me

---

(2) Conceito jurídico estabelecido no Terceiro Reich, segundo o qual um réu de crimes contra o Estado automaticamente estendia sua responsabilidade criminal a seus parentes, que podiam ser então considerados igualmente culpados, presos e, em alguns casos, também condenados à morte. (N. do T.)

dava comida sempre que podia. Sabeis quem era? Bruno Pittermann, mais tarde vice-chanceler da Áustria. Agora eu pergunto aos americanos, por que não iria voltar para uma cidade como esta, onde havia pessoas assim?».

Senhoras e senhores, posso ouvir-vos dizer: tudo isso é bom e belo; mas essas foram apenas as exceções, exceções à regra, e em regra as pessoas eram oportunistas – deveriam ter resistido. Senhoras e senhores, tendes razão; mas lembrai-vos: a resistência pressupõe heroísmo, e heroísmo, em minha opinião, só pode ser exigido de uma pessoa: de si mesma! Aquele que afirma que se deveria antes ter-se deixado prender do que chegar a um acordo com os nazistas... Este deveria, antes, dizer se um dia demonstrou preferir ser enviado a um campo de concentração! E eis que aqueles que estiveram nos campos de concentração geralmente julgam os oportunistas com muito mais brandura do que aqueles que se encontravam no exterior durante aquele tempo. Sem falar na geração mais jovem, que nem imagina como as pessoas temiam e tremiam por sua liberdade, por suas vidas e, não menos importante, pelo destino de suas famílias, pelas quais eram, afinal, responsáveis. E devemos admirar ainda mais aqueles que ousaram juntar-se à resistência. Penso em meu amigo Hubert Gsur, que, acusado de desmoralizar as forças armadas da Alemanha nazista, foi condenado à morte e executado na guilhotina.

O nacional-socialismo implantou a loucura racial. Contudo, no fundo só existem duas raças humanas: a «raça» de pessoas decentes e a das pessoas indecentes. E essa «segregação racial» ocorre em todas as nações e em todos os partidos de cada nação. Mesmo nos campos de concentração, de vez em quando se encontrava um sujeito meio decente entre os homens da SS – assim como inúmeros crápulas entre os prisioneiros. Para não mencionar os *capos*. Que as pessoas decentes são a minoria, que sempre foram e provavelmente continuarão sendo minoria – temos de nos conformar com isso. O perigo só nos ameaça quando um sistema político traz à tona o indecente, ou seja, os piores tipos de uma nação. Mas nenhuma nação é imune a isso, e, nesse sentido, toda nação é, em princípio, capaz de um holocausto! Isso é também sugerido pelos chocantes resultados dessas pesquisas científicas que devemos a um americano (e que entraram para a história sob o nome de «Experimento de Milgram»[3]).

Se queremos agora tirar as consequências políticas de tudo isso, devemos então partir do fato de que existem basicamente dois estilos de política – ou talvez seja melhor dizer: dois tipos de políticos. O primeiro é daqueles que acreditam que os fins justificam os meios, todos os meios... Ao passo que os outros políticos sabem muito bem que existem também meios que poderiam profanar até mesmo o fim mais sagrado. E é neste tipo de político que confio – apesar do barulho de 1988[4] – para ouvir a voz da razão e perceber que o que precisamos hoje é que todos os homens de boa vontade estendam suas mãos uns aos outros, por sobre todas as sepulturas e trincheiras.

Obrigado por vossa atenção.

---

(3) A Experiência de Milgram (ou Experimento de Milgram) foi uma experiência científica desenvolvida e realizada pelo psicólogo Stanley Milgram. Consistia em responder à questão de como é que os participantes observados tendem a obedecer às ordens de uma autoridade, mesmo que estas possam contradizer o bom senso individual. (N. do T.)

(4) Alusão provável ao caso Kurt Waldheim – secretário-geral da ONU de 1972 a 1981 e presidente da Áustria de 1986 a 1992. Waldheim, quando servia em funções burocráticas na ex-Iugoslávia e na Grécia, teria tomado conhecimento da execução de militares aliados e da deportação dos judeus de Salônica (Grécia) para campos de concentração durante o período do nazismo. (N. do T.)

Direção geral
Renata Ferlin Sugai

Direção editorial
Hugo Langone

Produção editorial
Gabriela Haeitmann
Ronaldo Vasconcelos

Revisão
Juliana Amato

Capa
Gabriela Haeitmann

Diagramação
Sérgio Ramalho

ESTE LIVRO ACABA DE SER IMPRESSO
EM ABRIL DE 2025,
EM PAPEL SNOWBRIGHT 70 g/m².